U0945392

基于教学视角的文本解读

向浩 童庆杰 著

SPM 南方传媒 | 花城出版社

中国·广州

图书在版编目（CIP）数据

基于教学视角的文本解读 / 向浩，童庆杰著. — 广州：花城出版社，2022.12
ISBN 978-7-5360-9853-4

Ⅰ.①基… Ⅱ.①向… ②童… Ⅲ.①中学语文课—教学研究—初中 Ⅳ.①G633.302

中国版本图书馆CIP数据核字(2022)第254670号

出 版 人：张　懿
责任编辑：陈诗泳
责任校对：汤　迪
技术编辑：林佳莹
封面设计：荆棘设计
内文设计：礼孩书衣坊

书　　名　基于教学视角的文本解读
JIYU JIAOXUE SHIJIAO DE WENBEN JIEDU
出版发行　花城出版社
（广州市环市东路水荫路11号）
经　　销　全国新华书店
印　　刷　佛山市浩文彩色印刷有限公司
（广东省佛山市南海区狮山科技工业园A区）
开　　本　880毫米×1230毫米　32开
印　　张　7.25　1插页
字　　数　160,000字
版　　次　2022年12月第1版　2022年12月第1次印刷
定　　价　50.00元

如发现印装质量问题，请直接与印刷厂联系调换。
购书热线：020-37604658　　37602954
花城出版社网站：http://www.fcph.com.cn

读懂、读透、读活

义务教育初中语文教材。

▶ 视域融合：互文、语文与创造

——《基于教学视角的文本解读》序

汲安庆

三个月前，收到向浩老师发来的书稿《基于教学视角的文本解读》，感慨良多。

一是讶异于文本解读的坚挺。本以为与那些操纵各式大概念的应景之书比，文本解读类书稿会因“土气”“落后”等原因淡出出版舞台——四年前拙著《中学语文名篇新读》投诸多家出版社遭拒，编辑给出的理由就是没有市场，不及名师教例研究应需，但没想到现在竟有枯木逢春之象。有老师在坚守，有出版社在支持，实是语文教育之幸。

二是欣慰于同道队伍的壮大。文本解读的重要性不言而喻，但是整体上看倾心于此的人并不多，这从多年不变的平时靠教参、赛时求文献现象，不难一窥端倪。CSSCI来源期刊对文本解读类文章不屑一顾，更使之雪上加霜。不过，致力于文本解读研究的人终究还是多起来了。学术界身体力行的有叶嘉莹、孙绍振、赖瑞云、钱理群、陈思和、马以鑫、黄伟、詹丹、荣维东、陈斐、蒋勋等一大批学者，就不用说了，单就中学一线的语文教师，也灿若星辰：陈日亮、罗晓晖、苏宁峰、倪岗、陈治勇、黄艳明、段岩霞、刘祥、张正耀……他们均有分量不轻的文本解读类著作问世，更别说在各大语文学术刊物不断涌现的其他作者的文本解读文章了。现在，又有了向浩、童庆杰这两颗星，实在是令人鼓舞。

三是惊叹于解读面貌的清新。虽然本学期课务沉重不堪，两位幼子的学习嗷嗷待“辅”，外加应接不暇的约稿和讲座任务，但我还是见缝插针地将书稿中的21篇解读文章读下来了，且是沉浸式阅读。吸引我的并非向老师日渐远播的声名，亦非他谦虚而不无自豪的介绍——很稚嫩，但都陆续发表了，而是蕴藏在字里行间的那种属我的思维之光，“思接千载，视通万里”式的宁静、丰满与灵动，不断给我以思想的启悟和灵性的滋养。

可以说，一篇有一篇的视角，一篇有一篇的深度，一篇有一篇的新意。其间，互文、语文与精神创造的视域融合，令我触发尤多。

一、在互文的视域下生命融合

文本解读，必须在互文的视域下进行，理由至少有三：

1.任何文本都程度不同地回荡着其他文本的声音，与其他文本构成一种或明或暗的互文关系，按巴特的观点就是“任何文本都是过去的引文的重新组织”[①]，因此，解读文本很有必要弄清其前世与今生的内在联系。

① 罗兰·巴特：《文本理论》，《上海文论》1987年第5期。

2.只有通过互文性阅读，通过文本的“他者”，才能确证文本各自的篇性，进而形成言语表现智慧的相互激发，这也是语文阅读的内在需求。

3.在互文的视域下解读文本，更能促进生命融合，体悟创作匠心，发展高阶思维，“牧养言语生命”①。

但是当下互文视域下的文本解读，更看重篇与篇内容或形式上的异同比较，如解读《背影》，会与其他父爱主题的文本进行会通；解读《项脊轩志》，会与《氓》《我的叔叔于勒》等篇在“称呼”上进行会通，往往较难实现深度的生命融合。传统的比较阅读法，《基于教学视角的文本解读》一书也在运用，比如，从时间背景设置的视角比较蒲松龄的《狼三则》和纪昀的《阅微草堂笔记》，从恐惧心理的视角比较蒲松龄的《狼》与和贾岛的《暮过山村》，却常能显出特别之处：视角更为独特，视域更为辽阔，层次亦更为清晰。仔细寻绎，还能发现其间闪烁着更为深邃、灵动的解读智慧：

一是基于作家的创作史进行互文性解读。如解读《狼三则》共同的时间背景“日暮”，不仅可以发现三篇系列文本背景上的互文性，还可以发现主题、手法上的互文性。基于创作史研读文本，尤其是拉长了看，更能看清作家在坚守什么，放弃什么，发展了什么，进而探寻出个体心灵生态与社会思想生态之间的关联。比如，基于创作史解读杜甫的《望岳》和《登高》，就很能发现个体心灵与社会心理的很多独特信息。这方面，向、童二位老师做得较为自觉，解读《济南的冬天》一文，将之置于作者的人生经历和《济南的秋天》《趵突泉

---

① 潘新和：《语文：表现与存在》，福建人民出版社，2017年，第759页。

的欣赏》《三个月来的济南》等系列散文作品中，便充分体现了这一点。

二是基于文学史进行互文性解读。将之与同类的笔记体小说《阅微草堂笔记》比较，就有这方面的追求。掌握这一解读原则，非常重要。基于文学史的视角，更能见出文本创造的价值，如将先秦诸子寓言和柳宗元寓言一比较，就能发现形象塑造从夸饰走向了写实，寓意营构从单维走向了多元，进而切实感受到柳宗元在中国寓言创作史上的地位和价值。

三是基于文化史进行互文性解读。将日暮背景与农耕文明时代敬畏天地、鬼神、猛兽的文化传统以及日暮途穷的文化心理结合起来。此类解读非常深刻，因为触及了文本的深层结构——文化原型层面[①]。对这种隐性的深层结构的揭秘，没有渊深的学养和独到识见，是难以为继的。

二、在语文的视域下揭秘篇性

与文学评论家、文学爱好者在文学、历史、政治或哲学视域下解读文本不一样的是，向、童二位老师更侧重于语文视域下的文本解读。这或许是读一般文本解读论文，很难将之转化为教学生产力，但是读《基于教学视角的文本解读》中的任何一篇文章，均能轻松将之转化为教学设计的根本原因。比如，读了《“母亲”的三处语言藏密

① 杨春时、俞兆平、黄鸣奋：《文学概论》，北京：人民文学出版社，2002年，第107页。

码——从语言描写角度解读〈秋天的怀念〉》一文，任何一位老师都能以“母亲的语言”作为课眼，以“从句子数量变化体悟情感的压抑与释放→从句子长短变化体悟抒情的理性与感性→从标点符号变化彰显作者的自昧与自觉”为课脉，来设计、经纬自己的教学。书名说的“基于教学视角的文本解读”，名不虚传。

向、童二位老师的“语文”解读，主要表现有三：

一是注意在言语内容和言语形式统一的过程中突出后者。既关注文本写了什么，更关注文本怎么写的，怎么个性化写的。比如，解读《皇帝的新装》，在关注骗子“高明”形象特征的同时，会结合体现洞察力、逻辑力、合作力的细节描写，深入到铺垫、反复指涉、语言节奏、极幻与极实统一等灵动多姿、自然高妙的写法上。这就不仅触及童话幻想性、夸张性、寓言性的文体特征，而且深入到安徒生文本创作的篇性了。

二是有意挖掘出深藏在文字背后的言语人格、言语情趣。传统的文学解读，非常关注情、理、道的捕获，所谓“得意忘言”是也，语文解读则在言意或形意兼得的过程中突出“言”或“形”，并上升到言语智慧体悟的高度——哪怕言语道断，也要抓住蛛丝马迹，全力体悟“邈哉深矣”的境界。对更为深层的言语情趣、言语人格等，也会竭力去揭示，以实现文本解读的虚实相生。比如，从《昆明的雨》中对五种菌子的评价，见出文人身上无、但汪曾祺身上有的“生活气息，以及真诚坦率的生活态度”；从火车上乘客看到地上有一棵鸡枞，不顾一切跳下去捡的细节中，体悟到作者言语表达上的“生活之趣与情感之味”。这种云淡风轻的解读，其实笔力千钧，自具高格，是功利主义者永远难以企及的。

三是追求课程目标、单元目标、单篇教学目标的有机渗透。这是语文解读与传统文本解读又一大不同之处，甚至连语文教师，特别是学生解读时可能存在的疑点、盲点、错误点均要考虑进来，以形成语文教学色彩颇为浓郁的精神对话。这方面，两位老师做得更为自觉。比如，将“长江”“昆仑”与“燕然勒功”意象与邓稼先精神与业绩的象征性进行阐释，对《壶口瀑布》形境、情境、理境相融的篇性揭秘，对刘姥姥幽默之举中冷、黑、酸特点的分析，在篇性揭秘过程中均能感受到生本意识的彰显，还有“培根铸魂、启智增慧、审美创造”等课程目标的悄然落实。

三、在创造的视域下确证自我

文本解读，在互文的视域下追求精神生命的融合，在语文的视域下揭秘篇性，最终必须在精神创造的视域下，实现学养积淀、学识磨砺，还有情怀牧养的统一，为言语生命的绽放与确证充分蓄势蓄能。中国语文教育经历了知识本位时代、能力本位时代，当下步入了素养本位时代，最终必将走向存在本位时代，使语文学习彻底实现从“占有”（to have）到“存在”（to be）的飞跃，使语文教育充分彰显人的“自我生成”或“自我创造”[①]。文本解读必须顺应这一时代发展趋势。

向、童两位老师的文本解读追求，显然暗合了上述教育理念与发展趋势，集中表现在：

---

① A.C.奥恩斯坦：《美国教育学基础》，刘付忱等译，人民教育出版社，1984年，第113页。

解读视角的创新。就像沈雁冰评论鲁迅小说《呐喊》："几乎一篇有一篇新形式，而这些新形式莫不给青年作者以极大的影响，必然有多数人跟上去试验。"[①]《基于教学视角的文本解读》也是一篇有一篇的视角，一篇有一篇的特色，绝不重复他人，也绝不重复自我，这让全书的文字能始终保持着新意郁勃的状态。从恐惧感的视角解读《狼》，从女性喻体解读《济南的冬天》，从叙事角度解读《植树的牧羊人》，这是整体观照的视角。从语量变化，看《秋天的怀念》中母亲"克制→放开→克制"的心理过程，从"……者……也"句式，看《醉翁亭记》景情变化、行文思路、情理交融特色，从《台阶》中的副词"总"，看父亲举动的反复性、顽固性，甚至心理的自卑性，突破困境的勇敢性，这是局部或细节观照的视角。不论整体观照，还是局部或细节上的观照，一律追求新颖独到，这让他们的解读颇像苏州园林，处处皆图画。

解读方法的创新。两位老师的解读，虽然运用到了个案研究法、文献研究法、比较研究法等解读公器，似乎只能形成"共能"，但这些方法到了他们手中，俨然又萃聚了特殊的精神能量，让文本解读处处体现"异能"。究其因，两位老师大体遵循了这样一条解读路径："素读以获得直觉体验→追因以获得理性升华→会通以渊博学理根基"，这便将寻常的研究方法用活了、"我"化了，一下子实现了感性与理性的相乘，共识与独识的相乘，熟悉与陌生的相乘——这种特色在《狼》《老王》《济南的冬天》等篇的解读中，表现得尤其突出。

还有解读理论的创造性运用。两位老师并未特别致力于提出独

① 雁冰:《读（呐喊）》，《时事新报》，1923年10月8日。

特的理论范畴或范式，以形成自洽的解读理论，并使其焕发出强劲的阐释力，他们的创造性更多地体现在理论的个性化运用上。如运用精神分析批评理论分析刘姥姥的幽默，运用形式主义理论分析《醉翁亭记》抒情的特殊性，运用叙事学理论分析萧红《回忆鲁迅先生》的材料选择与组织。这些运用不是粗暴的“拉郎配”，而是相知相悦的自然结合，仿佛理论就是在解读过程中自然生长出来似的，濡染了个性气息，却又一派天然，沁人心脾。所用亦非单一的理论，很多情况下是多种理论的综合运用、有机运用，结合了文本实际的个性化运用——对《济南的冬天》的解读，就是接受美学、象征主义、表现主义、精神分析等理论融化后的自然出之，这使解读于无声处实现了我注文本和文本注我的统一，照着说和接着说的统一。向浩老师说他们属于“乡野派”，渴望向“学院派”靠近，其实，他们已较好实现了这二者的统一，所以，文本解读从整体上元气淋漓，又有坚实的学理支撑，颇令人信服。

作者系南京信息工程大学教师教育学院教授

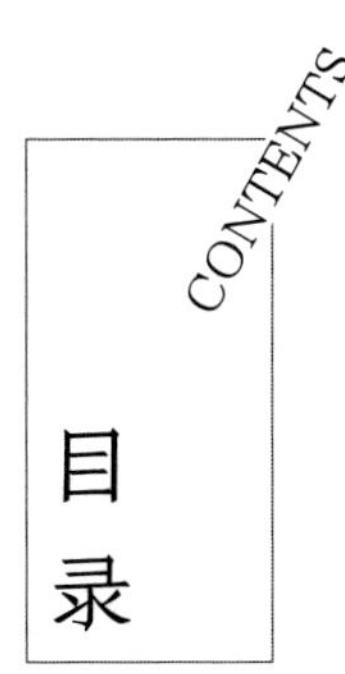
CONTENTS
目
录

▶ 恐惧，无处不在

——蒲松龄《狼》细读

纵观不少关于《狼》的解读文章，有的只是在表面滑行没有深入分析，有的虽说观点深刻却有脱离文本之嫌，有的解读又故作惊人之语而缺乏逻辑上的支撑，总感觉有些许遗憾。笔者想紧贴文本，细品文字，从四个角度来阐释文本中半隐半现的恐惧感。

一、简洁之处隐藏恐惧

《狼》选自蒲松龄的《聊斋志异》，是一篇小说，属于传统的笔记体志怪体例。这篇小说文字呈现的简约美，也是众多笔记小说的特点。

《狼》用词凝练，可以说是极尽简约之能事。全文篇幅短小，仅二百零二字，然而故事情节完整而紧凑，布局精巧，扣人心弦，作者对叙事的起落掌控得十分自如。文字所呈现的篇幅是极其有限的，可传达出来的恐惧感却是无尽的。通过写恐惧感，显性的与隐形的，作者既写出了真实的人性，也吸引了读者的阅读兴趣。

第一段纯用骈句，从形式上来看，具有古典美。从内容上来看，则具有一种残酷的美。它句法整齐，节奏快，设置悬念。读者只看第一段，情绪没有任何舒缓的余地，只有紧张的体验。

且看数词。“一屠晚归”，取其“一”；“途中两狼”，取其“两”。途中，则省略了“一”，若补充，则为“一途中两狼”。这仅仅是第一段中的数词。表面上不动声色，其实，双方一出场，状态的对比、力量的悬殊，已经一目了然。一条路，进退维谷，几无可逃之处。人与兽，一方形单影只，另一方结伴而行，正值狭路相逢，故事被打入极端的环境，恐怖氛围悄悄地被营造起来了。

再看形容词与副词。点出几个关键性的，如“缀行甚远”的“缀”“甚”“远”，将两只狼给屠户施加的巨大压力展露无遗。缀行，即很有耐心地跟踪，符合狼的基本特点。紧跟，而不是直接扑上去撕咬，制造心理压迫感更足。这里的“远”，不仅仅指空间距离远，也暗含着时间距离远，是双重意义上的距离远。其实，它更多的是从屠户角度来描述感觉，这样的距离，从物理角度看，未必真的那么远、那么久；然而，如果从心理角度来审视，由于内心的恐惧感，它就真的有点远了，心里所受的煎熬无以名状。

二、极端之处隐藏恐惧

依据中国传统文化心理，虎与狼都是令人谈之色变的动物。

人类自祖先开始，就对这两种猛兽怀着深深的恐惧感。文中，屠户所看到的是两只狼，并且直至结尾，也仍然是这两只狼，没有成员数量众多的狼群出现。这是我们作为读者，以全知视角做出的基本判断。故事中的屠户，基于限知视角，明确地看到了两只狼，其感受则很可能是：想到周围似乎有一群狼，或许怀疑自己已经被包围了。故事设置的时间背景是晚上，这在《聊斋志异》中，算是很寻常的，在相近的《阅微草堂笔记》中也是。原书原题为《狼三则》，此为第二则。第一则开头为："有屠人货肉归，日已暮。"第三则开头为："一屠暮行，为狼所逼。"三则故事，是一种互文的关系，保持着高度的一致性。恐惧感，从时间角度看，其逻辑起点为"晚"或者"暮"。有个成语很好地表达了恐惧感：日暮途穷。在古代，社会形态是以农耕文明为主，先民敬畏天地、鬼神、猛兽，一切怪力乱神，都足以使其敬而远之。对于夜晚，他们也有着天然的恐惧感。狼是一种野性十足的动物。夜晚，狼刚刚离了窝，结伴外出觅食，正是精力充沛、欲望饱满的时候。而屠户，则经过一天的辛苦劳动，拖着沉重的步伐，懒懒散散地走在回家的路上，形影相吊，很可能又困又饿，内心极需要感受家人带来的温暖。贾岛在《暮过山村》里写道："落日恐行人。"这是特殊自然环境带给正在赶路而仍在半途之人的恐惧感。而本文，已是落日之后，其恐惧感更进一步。用一个成语形容遭遇屠户的狼，不妨叫作"以逸待劳"。而狼的眼睛在夜晚会发出绿光，令人瘆得慌，两只狼，四只眼睛，散发出四道绿光，使人不寒而栗。若是再加上其嚎叫声，正常人早已吓得魂飞魄散。文中省略了许多细节，这些细节对于古人而言，并不难感受，也不难理解。对于后工业文明时代的我们，未必能清晰地把握。所以，我们需要还原情境。

故事既然是虚构的，我们也可以重新去虚构，以便更好地体会恐惧感。比如，将时间改为正午，将一个屠户改为有人做伴，将两只狼改为一只狼，将地点改为临近闹市之地，将担中肉尽改为“肉犹多矣”……这样，就变为一个超文本，故事无限地延伸，也表现出无限的可能性，极端性会弱化，恐惧感也会消失殆尽。

三、情境之中隐藏恐惧

我们也不妨将第二段与第三段进行比照，以便发现有价值的细节。在第二段中，以屠户为主语的句子只有“屠大窘，恐前后受其敌”与“复投之”。而以狼为主语的句子有“一狼得骨头止，一狼仍从”“后狼止而前狼又至”“而两狼之并驱如故”。写屠户的句子较少，且简短急促，这种节奏反映的本质是屠户正在忍受深重的恐惧感。文段以写狼为主，句子较长，节奏慢，反映的本质是狼的从容自信。狼在慢慢消耗屠户的体力，对其进行精神压迫与心理折磨，直至使其彻底放弃抵抗。在这一段中，先点出屠户的“惧”，这是很直观的本能反应，是来自内心深处的折射。他表现在外的行为被简化为“投”。投，既是具体意义上的“投骨”，也是精神意蕴上的“投降”，屠户的弱势地位昭然若揭。后面再次写到屠户的动作，仍然是“投”。我们不禁要问：在古文中，明明很忌讳用词的前后重复，而在修辞上讲究避复，为何此处作者偏偏要反其道而行之呢？其实，这正是作者的高明之处。屠户，其动作简单重复，机械僵化，表现出十分笨拙的一面。动作的这一特点映射的是屠户惯性思维的致命缺陷：单一，呈线性，不灵活，无深度，幼儿化。在极端危险的处境中，这种思维方式很可能将人引向悲惨的死亡之地。而狼则悠闲自在地吃着骨头，并且一前一后，又一后一前，直到骨头吃光了，再一起追赶。狼配合得如此默契，章法井然，游刃有余，其高超程度丝毫不亚于人类。屠户则面临着生死攸关的抉择，缓兵之计宣告失败。

于是，第三段开头写“屠大窘”，则是其恐惧至极的表现。这也是屠户开始觉醒的时刻。后面引入了新的环境“麦场”，又交代了“野”，即野地或荒野，意味着机遇与挑战并存。屠户急中生智，抓住机遇，其反应十分迅速，与第二段相比，判若两人。“屠乃奔倚其下，弛担持刀”，十个字，含四个动词。屠户在短时间内，完成了一个完整的动作过程，利索。“奔倚”二字，连在一起使用。奔者，疾走也。倚者，有所依靠也。这两个动作在事实上，是有停顿的，并不会这么紧凑。作者有意地将二者并置，可见屠户在情势危急之际，由恐怖感带来了特殊的爆发力与行动力。

文中有个关键物件：刀。它在第一段与第二段中并未提及，事实上一直就在屠户的担子里。这里呈现了一个诡异的现象。屠户开始一味地被动防御，仅仅是重复投掷骨头的动作，而未使用到刀与担。其核心在于屠户的思维、心理、格局、境界，直到事情有所发展时，还处于较低的层次，受到相当程度的遮蔽。他一再退让，企图牺牲并不怎么贵重的骨头，与狼达成某种妥协。他仅仅希望自保，似乎对狼的本质还缺乏全面而深入的认识。与恐惧感相伴的，是侥幸心理。也因为惧怕，他甚至可能忘了自己有武器在手，迟迟不敢出手。他太需要安全感了，却又太恐惧。

迫使他发生根本转变的正是“骨已尽矣，而狼之并驱如故”。“骨已尽矣”，语气中散发着苍凉感、孤独感与无奈感，此处我们猜想：屠户的心脏陡然怦怦怦、咚咚咚、突突突，狂跳不停，甚至有一种“我命休矣”的人生幻灭感。屠户已成黔驴技穷之态。狼是兼有高智商与高情商的群居动物，其团队协作能力特别强。既然骨头已经吃完，那就必然继续合作，将目标对准屠户，来一场终极扑杀，终结这场节奏缓慢的游戏。“如故”交代了狼恒久不变的本性：野蛮、贪婪、凶残、狡诈，也在客观上呼唤转机。

在此生死攸关之际，所幸遇到了麦场，而且“苫蔽成丘”。时空转换，预示着新的故事将要演绎。无巧不成书，屠户绝处逢生，命不该绝。“屠大窘”，用“大”，不用“颇”，程度深，语气强，情感足。又如：“此则岳阳楼之大观也。”（《岳阳楼记》）“故曰：‘天下之民，知安而不知危，能逸而不能劳，此臣所谓大患也。’”（《教战守策》）“少年大骇。”（《聊斋志异·促织》）“何竟日默默在此，大类女郎也？”（《项脊轩志》）“恐前后受其敌”，点出恐惧，但是与之前的恐惧相比，还有变化。作者不言“恐受其敌”，而特别点出“前后”，反映屠户开始初步总结狼的活动规律，并达成带有理性色彩的预判。

在恐惧感发展的同时，屠户的反抗意识也在萌发，屠户也从开始糊涂懦弱的状况中觉醒。

“顾野有麦场”中的“野”字，可能透露着这样的环境信息：荒芜、冷清、阴森。文本没有具体交代故事发生的地点与季节。总之，这些容易造成负面的心理体验。这是一场冒险游戏。虽有麦场，隐隐约约感觉附近有人在生活，但是又存在一定的距离，情急之下，根本来不及喊人支援。现实，不也经常这样吗？让你在希望与失望之间徘徊，经受着命运的考验。

等到屠户放下担子拿起刀，并且倚靠着柴草堆，狼的反应为不敢上前，只是瞪眼朝着屠户。剧情出现反转，力量对比发生重大变化，带有典型的戏剧性，也让人暂时大喘一口气。

四、层次缝隙之处隐藏恐惧

也是从这时开始，恐惧感不单单体现在屠户那里，还蔓延到狼的身上。单一的恐惧感变为双向恐惧感，即由屠户对狼的恐惧感，变为狼害怕屠户，屠户也害怕狼。这样，文本就具有立体感，体现出多层次性，强化了丰富性。双方都不敢再掉以轻心，故事转入相持阶段。

下一段中，有“少时”与“久之”两个关键时间。双方都不敢轻举妄动，都在等待时机。在等待期间，从外在的动作到内在的心理，被作者“无情”地予以留白式处理。站在屠户的角度，一种由未知带来的恐惧感油然而生，一切充满不确定性。“少时”后面，写的是一只狼径直离开，另一只狼像狗似的蹲坐在前面。接下去，这只像狗一样的狼“目似瞑，意暇甚”。种种举动，十分反常。作者不写屠户，让人疑窦丛生。悬念，一个接一个，仿佛暗示着故事的高潮部分即将来临。一种强烈的阅读期待，出现了。第三句，让人颇感意外，因为“屠暴起”！原来屠户也有神勇果敢的一面，只是一直掩藏在懦弱的背后，没有被激发出来。作者描述得张弛有度。前两句，“弛”，表面上很平静，就像暴风雨前夕的宁静，其实是在蓄势。蓄足了势，开始向“张”发展。屠户突然跳起来，用刀劈砍狼头。这把刀总算真正派上用场。多次手起刀落，痛快而果断。一种面对恶势力时毫无节制的暴力美学，充盈其间，令人血脉偾张。

总算是成功地消灭了一只狼。屠户正要离开时，突然想起还有一只狼，回过身子，带着目标意识去看，才发现那只狼在柴草堆中打洞。作者写到一个细节：“身已半入，止露尻尾。”戏谑之笔尽在其中。文字的庄与谐，配合得恰到好处。屠户顺势斩断它的大腿，“亦毙之”。一场悬疑剧与恐怖剧变为轻喜剧。轻松的背后，是屠户经受了一系列严峻的考验，战胜了狼，也战胜了自我。中国古代文学作品所惯常出现的圆满式结局，上演了。发展至此，按理说，恐惧感也应该烟消云散。谁料作者很巧妙地又补了一笔：“乃悟前狼假寐，盖以诱敌。”这叫什么？后怕。很精准。就是说，屠户其实是险胜，固然有勇气，有智慧，出其不意攻其不备，然而也不排除有好运的成分。

在王荣生主编的《小说教学教什么》中，李冲锋谈及“理解的框架”时说：“一个文本里，作者会通过语词、句式、结构、修辞、视角、细节、手法等去讲故事，我们把这些统称为表达方式。”本文对恐惧感的分析，基本上与李教授的说法不谋而合。

最后，不妨这样总结：蒲松龄善于将文言文的简约美发挥到极致，善于在文中留白，善于利用志怪小说轻巧的特点，善于在极端情境中写恐惧感，并使之贯穿始终，不仅表现在字面上，还有意无意地掩藏在文字的缝隙里。作者创作手法之高妙，令人叹为观止。

参考文献：

［1］孙绍振.名作细读[M].上海：上海教育出版社，2009.

［2］王荣生.小说教学教什么[M].上海：华东师范大学出版社，2015.

（本文已发表在《中学语文教学》，2019年第5期）

▶ 骗子真的很高明，皇帝真的不愚蠢

经过反复阅读和教学《皇帝的新装》，笔者认为用“高明”来形容骗子，用“不愚蠢”形容皇帝，或许更为合适。这里并不是对二者进行褒奖，而是仅从文本角度去客观理解，尽可能贴近作者本意。即便要说骗子狡猾，笔者也希望通过深入的文本解读，经由文字去还原本真，而不是将其特点抽象为一个常见的形容词，贴上似是而非的简单标签。

一、骗子真的很高明

古往今来，骗子几乎算得上是最古老的职业之一。骗子得手，离不开许多因素，比如说，洞察力、逻辑力、合作力，这些必须在常人的能力之上。

（一）高明的洞察力

安徒生设置了两个骗子的角色。首先，他们很直观地发现，有个纵情享受的皇帝喜欢华丽的新衣服，这表现出角色期待与实际存在的错位感：他有乱世中花花公子的样子，还有显著的孩子气，俨然异化为物之奴隶——说得好听点，倒像是个生活美学家或者行为艺术家。拥有精明头脑的骗子，本质是商人。他们发现了巨大“商机”，就在幕后精心策划骗局。行骗之所以成功，一方面是利用具体的人的弱点，如皇帝喜好漂亮的新装，并沉迷于此，甚至到了病态地步——他实在是异乎寻常的痴人，是活脱脱一大怪人；另一方面，也是利用人性的弱点，比如，虚伪、胆怯、猜忌、自私、纵欲、盲从，它们普遍存在于人的身上，在成年人那里表现得尤为突出，在位高权重者那里往往暴露无遗。骗子是“杰出”的心理学家，料定皇帝难以克服自己的弱点，也深知人们怯于承认自己的缺点。骗子还洞察到，这里的人不仅严加掩饰自己的不足，还急于揭穿他人的缺点，并将此作为生活的乐趣。利用的前提是洞察，洞察是为进一步利用做好铺垫。

（二）高明的逻辑力

骗子得手也并不那么容易。妙就妙在骗子自称“织工”，显然是冲着皇帝而来，投其所好。他们宣称能织出最好的布，还特别夸耀说用这样的布缝制的衣服有奇怪的特性，即“任何不称职的或者愚蠢得不可救药的人，都看不见这衣服”，为故事的展开，准备最核心的逻辑起点。而另一个逻辑起点是开头对皇帝过分迷恋新装的描述。

在信仰上帝的西方，人们对未知事物宁愿保持几分敬畏，而不轻易去否定，更何况在一百多年以前。这样的衣服，我们似乎不能去证明它绝对不存在——倘若你身处故事情境中，你可能也很容易陷入骗子的逻辑陷阱，不能自拔：事物是否存在，岂能仅仅凭借我们有限的感知能力去判断呢？詹丹教授认为："子虚乌有的'新装'，就在人们的口口相传中，被清晰地呈现了出来。'新装'的真相在语言的反复指涉中，反倒被层层遮蔽起来。"从逻辑上说，这套逻辑已经符合自洽原理。骗子运用的是演绎思维，引导别人只去证明，而不去证伪。人们几乎不会站出来与骗子争论，而会毫无例外地违心承认自己是看得见的，并且还装模作样地用些空洞而复杂的词语去赞美。当皇帝派出他最信得过的老大臣前往现场一探虚实时，骗子继续按照预先准备好的剧本去演。老大臣首先被问及"花纹是不是很美丽，色彩是不是很漂亮"。这是选择性提问，故意诱导，进行心理暗示，形同催眠术，使对方沿着自己设定的轨道进退，不由自主。骗子在一步步构建自己的逻辑体系。骗子追问："哎，你一点儿意见也没有吗？"简直是以一种掌控全局的姿态，逼着人家在尽量短的时间内表明态度。即便阅人无数，见过大世面的老大臣，也不得不陷入骗子的逻辑圈套之内。第二位官员，也难逃同样的命运。后来，几乎所有在皇帝周围的人都陷入骗子设定的逻辑怪圈，这还包括广大成年的市民在内。

站在文本之外，作为局外人，我们可能会说骗子不过是"一本正经地胡说八道"。而在一个逻辑思辨能力整体不足的国度，我们很容易低估由高明的骗子制造的逻辑困境。骗子掌控着最高阐释权，俨然成了上帝的化身——只能供人由衷地信仰与膜拜。

（三）高明的合作力

两个骗子配合默契，让人觉得他们简直就是同一个人：

“嗯，我们听了非常高兴。”两个织工齐声说。（第十三段）

“你看这段布美不美？”两个骗子问。（第十六段）

最后，他们齐声说：“请看！新衣服缝好了！”（第二十四段）

他们说：“请看吧，这是裤子！这是袍子！这是外衣！……这些衣服轻柔得像蜘蛛网一样，穿的人会觉得好像身上没有什么东西似的——这也正是这些衣服的优点。”（第二十五段）

“现在请皇上脱下衣服，”两个骗子说，“好叫我们在这个大镜子面前为您换上新衣。”（第二十七段）

而原文中只有一次是写其中一个骗子在说：

“哎，你一点儿意见也没有吗？”一个正在织布的骗子问。（第十一段）

他们的言语节奏高度一致，合作化程度特别高。这说明，他们在行骗之前是经过深思熟虑的，甚至认真彩排过的。于是，文本中还多次出现了两个人在织布机前装模作样的滑稽场面：

> 只在那两架空织布机上忙忙碌碌，一直搞到深夜。（第四段）
>
> 他们正在空织布机上忙碌地工作。（第七段）
>
> 不过他们还是照常继续在空机架上工作。（第十四段）
>
> 这两个家伙正在以全副精力织布，但是一根丝的影子也看不见。（第十九段）
>
> 头一天晚上，两个骗子整夜都没有睡，点起十六只以上的蜡烛。人们可以看到他们是在赶夜工，要把皇帝的新衣完成。（第二十四段）

正所谓“认认真真走过场”，假戏真演。之所以这样做，固然是因为他们贪婪，想获取更多的好处，也是因为他们不想露出任何破绽。骗子能够得逞，仅仅靠自身力量远远不够，臣僚已然在事实上成为骗子的同伙、帮凶、仆从、代言人。老大臣回去复命前，很专注地听骗子说话，竟然是为了回去以后能“照样背出来”。另一位官员也只是重复着老大臣的腔调与言辞。后来，从皇帝周围的人，一直扩散到广大市民，都在事实上上了骗子的贼船。他们都在夸赞衣服美、好，或者赞颂皇帝穿了神奇的衣服如何得体。骗子好像是一个厉害的“瘟神”，很快就使这个王国流行“瘟疫”。在权势面前，基于现实利益的考量，人格易于萎缩。骗子成为总导演，一个个表面上充满理性也十分体面的人都成了提线木偶。所有的大人，都在其无形的指挥棒下，十分配合地演下去。一幕幕闹剧让人吃惊，啼笑皆非。人世的真情形，常常与此相近，极幻却极实。

二、皇帝真的不愚蠢

任何人粗读文本，都很容易形成基本印象：这个皇帝实在怪异、奢侈、荒唐、可笑、虚伪、疯狂、浅薄、愚蠢、不称职……后面还可以连接着许许多多的负面评语。皇帝真的不称职吗？这点值得认真商榷。笔者恰想表达的是：皇帝并不愚蠢。

（一）表现在皇帝亲自看布料前

在原文中的第三段，皇帝听说了这神奇的布料与特别的衣服，第一反应是自己穿上后能辨别王国内谁不称职，说白了是想要去判明贤愚，以便做到知人善任，更好地治理国家。反观市民，他们只想测验邻人有多傻。皇帝的出发点与目的，相比高尚多了，也务实多了。回头再细看，这与第一段对他的描述形成奇怪的反差。他不再惊异于服饰之美，而是有理性的要求，即通过衣服去判断人心。我们能说他愚蠢吗？当然，这里有一个逻辑上的漏洞：皇帝恰恰没有想到自己是否称职，是否愚蠢。到了第五段，则意识到这一点：心里有些不大自然。因此，他先后派两位臣下去试探。将别人推向了前台，自己则在幕后观察与掂量。此举能极大地降低未知事物可能带来的风险。骗子大概也会发问：他咋还没有上钩呢？我们还可以用一系列有些矛盾的词语去描述皇帝的复杂性：好奇、谨慎、急切、担心、狡诈。皇帝，其实是王国之内最想一睹“新装”风采的人，或确切而言是最想一探真相的人，他偏偏能有效地克制自己，先不去蹚水，而是隔岸静观其变。原本狂热的皇帝表现出了几分冷静。皇帝先后派的两人，无疑是他的亲信，也是在皇帝心里称得上“诚实”的人，借此证明他用人并不糊涂，甚至还有驭臣之术。他治理下的王城，百姓生活轻松愉快，每天还有很多外国人来。这些也从侧面反映皇帝虽然嗜好华美外衣，但治国还是有自己的一套。人民生活得不错，国家也是开放的，能吸引外国人不断地涌来。试问：一个愚蠢的皇帝，能做到这一步吗？答案是否定的。准确地说，皇帝有性格缺陷，而且挺严重的，但是并不愚蠢。皇帝是人类典型性格的缩影。

（二）表现在从皇帝看布料到他游行前

皇帝亲自去看布料前，全城都在谈论着布料，这暗示着众人已经开始滑向非理性的深渊。而非理性，在一部分西方哲学家那里，这恰恰是人的本质。以此为背景，皇帝带了些随从，这些人是被特别圈定的，还包括那两名官员。显然，他想彻底掌控整个局面，不想因失控而丢脸。皇帝可能还保留着高于众人的理性，因为他见到织布机时的反应，与两位臣子相比，更为强烈。他觉得“骇人听闻”，认为“我什么也没有看见”是“一件最可怕的事情”。如果皇帝真的愚蠢，他就直接说自己什么也看不见，而不会产生这么大的内心震动。正因为他是个聪明人，所以才担心，才心虚。作为一国之君，他遭受的损失会比臣民更大。如果被臣民视为“愚蠢”与“不称职”，这将会直接危及自己的统治，其统治的合法性将会遭遇空前的挑战。意大利的马基雅维利在《君主论》中认为："做君王的如果总是善良，就肯定会灭亡，他必须狡猾如狐狸，凶猛如狮子。"这个皇帝，不敢说他凶猛如狮子，毕竟他并非暴君，但是至少敢说他狡猾如狐狸。

第二十二段这么写："'哎呀，真是美极了！'皇帝说，'我十二分地满意！'"

皇帝也是个好演员，善于应变与伪装，其演技丝毫不比骗子逊色，远远胜过两位臣子。或许，连骗子也感到惊讶，并在内心暗暗称奇。

接下去，皇帝点头表示满意，还故意仔细地看着织布机，以至于所有随员言行也与其保持高度一致。连随员们也说美极了。没有人有独立思考的能力，没有人有自由表达的机会。这多多少少反映皇帝在其国家对意识形态的控制相当成功，他能很好地左右舆情，至少是身边的舆论。一个愚蠢的皇帝，能做到这一点吗？

骗子"缝好了"新衣服，皇帝也带着最高贵的骑士来了。作为国主，他十分想要有尊严地活着，极度注重自己在公众面前的形象。其后，骗子为皇帝换上所谓的新衣服。骗子在装模作样地摆弄着，皇帝也装模作样地在镜子面前转身子扭腰肢。大家说这是丑态，也对。大家说这是皇帝任由骗子摆布，也能说得通。然而，笔者还是始终不相信：一个愚蠢的皇帝居然能够配合骗子，一起将戏演得这般好。只有一种合理的解释，那就是：这个皇帝聪明绝顶，其人实乃天才，而且是个彻头彻尾的喜剧天才，只可惜不幸生在了帝王之家，喜欢换上各种各样的新衣服，不断变换角色，去"演戏"。

（三）表现在皇帝游行时

孙绍振先生指出："皇帝对真理也没有特别的抵御的感觉，他立即得知，自己身上没有任何衣服，他甚至有点儿'发抖'。"发抖，这无疑是身体的正常反应，是客观作用于主观的结果。"似乎"一词，妙。这个皇帝从头到尾其实都保留几分清醒，但是又确实有被迷惑的一面。面对游行这种极端场面，反倒是真正精明老练的人，在史无前例的游行中，能做到若无其事，甚至"更骄傲"地维护脸面—— 即便已经颜面尽失。越是内心虚弱，越是表面上装得强大。皇帝的行为与心理，看似矛盾，其实，这恰恰是居高位者所特有的逻辑，并非底层的生存智慧所能完全理解的。皇帝到最后，丢尽了丑，而看客也看足了热闹。整个社会，关于此事，究竟获得了怎样的正面意义呢？或许只是警示价值吧。正如刘再复所言："有些文学作品并不能安慰人，也不是想让人解脱，而是给人敲警钟，甚至让人带来某些恐惧，并由此反省自己的行为，警惕自己的堕落，这叫作'警示'功能。"西哲有言："上帝欲使其灭亡，必先使其疯狂。"好在这个皇帝还没有达到疯狂的地步，虽然原文留白，但是我们很难直接下结论：皇帝的统治一定会崩溃，他将身败名裂。我们很容易低估西方基督教语境中宽容的意义，也很容易无视西方旺盛的游乐精神，而拘泥于中国传统文化对异端的零容忍态度，来一个隔靴搔痒般的解读。

皇帝、骗子、大臣，以及全城老百姓，他们身上体现了人的复杂性，而不光是单一劣根性。只有天真无邪、言语无忌的小孩子，因为年龄小，入世未深，尚不具备完整意义上的人性，所以能一针见血地、痛痛快快地说真话。我们不难发现，文中几乎每个角色都呈现出莫名的荒诞感，最荒诞的非皇帝莫属。荒诞的背后，应该是我们的沉思与反省，而非一笑而过。

参考文献：

[1] 詹丹. 阅读教学与文本解读 [M].上海：上海教育出版社，2017.

[2] 孙绍振. 名作细读 [M].上海：上海教育出版社，2009.

[3] 刘再复. 文学常识二十二讲 [M].北京：东方出版社，2016.

[本文已发表在《广东教学报》（教师版），第3166期]

▶ 情到深处文有味

——从情感角度解读《邓稼先》

笔者发现，作为长期以来被“遮蔽”的人物，有关邓稼先的公开资料十分有限。同时，关于《邓稼先》的解读文章也并不多。在细读文本之后，这里还是依据文本的小标题形式，一一对应，集中从情感方面予以解读。

一、借助宏大背景抒发民族情

文本的第一个标题是《从“任人宰割”到“站起来了”》。“从……到……”是一种常见的结构，它本身就包含着跨越与变化，对比与反差。如“从百草园到三味书屋”“从奴隶到将军”“从小学到初中”。开头的几句话都是独立成段，而且都在讲历史——中华民族五千年坐标轴上屈辱的近代史，并且线、面、点结合。中国人的历史意识，在这里得到体现。作者列举史实，选1898年，罗列而有节制，加以评价——“最黑暗最悲惨”。

后面，又笔调陡转，由“任人宰割”“有亡国灭种的危险”，变为“站起来了”。历史的前后跨度极大，风云变幻的感觉被营造出来。作者的爱国情怀自不待言。更为重要的是，写邓稼先之前，先将人物置于宏大的历史背景中，以映衬人物形象，已经在突出人物伟大的历史价值。对比即知，如果我们只写日常生活气息浓厚的小人物，根本就不需要宏大的叙事风格，完全可以避开民族历史，只字不谈，因为二者之间的关系十分疏远。但是，面对邓稼先这样的人物，作者的处理，无疑是合理的。在写伟大的历史人物传记时，我们经常可以看到类似的开头，而这也是集体无意识，是我们的文化心理在起作用。其后，作者写道：“这是千千万万人努力的结果，是许许多多可歌可泣的英雄人物创造出来的伟大胜利。”触目于此，我们第一印象就似乎是：作者好像将要写一批批军事家、政治家、外交家之类的人物。因为思维惯性如此。我们的二十四史之中，大人物通常就是以帝王将相为代表的统治阶级集团。而作者呢，直接抛开了自己设置的线与面，聚焦于一个光芒四射的点：邓稼先。邓稼先才是真正值得赞颂的民族英雄。经过千呼万唤，他终于登场。写他，只有一句：“对这一转变做出了巨大贡献的，有一位长期以来鲜为人知的科学家——邓稼先。”短短的一句中，其实蕴含着巨大的能量。首先，作者充分肯定他的历史功绩，将人物置于五千年漫长的历史坐标轴上，赞美他对中华民族的伟大转变的杰出作用，而不仅仅是对新中国的贡献。其次，也突出他的科学家身份。法国科学家巴斯德曾说：“科学虽没有国界，但科学家却有自己的祖国。”多难兴邦，艰难时世孕育着不凡的人物。邓稼先是一位以祖国为重的科学家，爱国是他的灵魂所系。最后，通过“巨大贡献”与“长期以来鲜为人知”的反差性描述，让读者体会到冷峻无奈的错位感。读到这样的句子，我们除了无限敬佩之情外，怎么能不为他的寂寞遭遇感到惋惜？这么写，也是在替他鸣不平。我们有“尼采热”“弗洛伊德热”“国学热”“汉字热”“于丹热”，什么时候我们的国家与民族能够掀起“邓稼先热”的风潮呢？

这一部分，既是在写邓稼先个人，也是在抒发作者的民族情，具有震撼人心的历史冲击力。

二、借助生平时间轴抒发同事情

第二个小标题是《“两弹”元勋》。这一部分，初读时，往往被其中的时间所吸引。细细数来，文中的时间有：1924年，1945年，1948年到1950年，1950年10月，1958年8月，28年间，1964年10月16日，1967年6月17日，1967年以后，1985年8月，次年3月，1986年5月，7月29日。这里，固然是简要介绍人物生平。但是，我们应该注意的是时间的节奏、间距、细节，以及背后的深层意蕴。如，1945年，邓稼先21岁，从西南联大毕业，这自然是他的聪慧过人之处。再如，他在美国普渡大学获得博士学位，学习时间仅仅是1948年到1950年。正常情况下，这么短的时间，要在美国名校获得博士学位，几乎不可能。但是，邓稼先恰恰把“不可能”变为“可能”。这里仅仅是他的聪明与勤奋吗？显然不止于此。根本原因在于爱国之心激励着他发奋学习，与时间赛跑。后文说他“获得博士学位后立即乘船回国”，归心似箭，报国心切，也佐证了这一点。关于时间，有三处写得详细：1964年10月16日，1967年6月17日，7月29日（1986年，承前省略）。前两个，是原子弹与氢弹爆炸的时间，第三个则是他辞世的日子。作者特别地做此处理，其实也是基于对好友的深入认知。即在邓稼先心里，核武器试验与自己的生命同等重要，甚至更为重要。两弹成功爆炸，也意味着新中国在险恶的国际环境中获得新生，其意义可以置于中华民族五千年的历史长河中去研究。四川大学周啸天教授曾写过《邓稼先歌》："炎黄子孙奔八亿，不蒸馒头争口气。罗布泊中放炮仗，要陪美帝玩博戏。"这首诗，就是以通俗化的表达形式还原历史。在冷战时期，中国人民自主研制一流武器，并且获得成功，真正地大长了民族志气。要知道，当时中国的经济、科技、教育、卫生等诸方面均处于世界落后地位，与研制世界先进武器极不匹配，这为邓稼先他们出了大难题。

或者说，对于邓稼先这样的伟大人物，世人应该牢牢记住三个时间点：两弹爆炸的日子与他离世的日子。"'两弹'元勋"，已经成为邓稼先最重要的身份。

不妨再看一组数字：1985年8月（第一次手术），次年3月（第二次手术），1986年5月（第三次手术），7月29日逝世。数字的高密度与快节奏，让人震惊。我们可以通过冰冷的数字，感受邓稼先生命进入倒计时阶段所经受的折磨与不幸，最后，因大出血逝世，富有救世英雄的悲壮意味，同时也能体会作者发自内心的同情。值得注意的是，在第二次手术期间，邓稼先还与于敏联合署名，写了一份发展国防事业的建议书。可以说，邓稼先将毕生的精力与才智完全献给了国家。

三、借助鲜明对比抒发同学情

第三个小标题是《邓稼先与奥本海默》。这一部分，使用对比与映衬手法，耐人寻味。将二者进行对比，然后突出其中一方，这是人们常见的思维方式。前提是，你要对二者都十分了解，这是逻辑的起点。杨振宁恰恰有这个常人难以企及的优势。一方面，他在第一段中，简要透露了自己与邓稼先的友谊，用“亲如兄弟”来形容。在第二段中，又提及自己在长达17年里，在很小的研究所工作，而所长正是奥本海默，“所以我和他很熟识”。基于此，作者接下来对二者进行对比，自然可信。作者认为二者相同点是在科学领域属于权威人士，也是所在单位的领导人，不同之处在于为人与气质。在杨振宁眼里，奥本海默是一个拔尖的人物，这是说其科学成就；用“锋芒毕露”一词，则是触及其个性。奇怪的是，对于一个成就大、个性强、知名度又高的熟人，作者仅仅写了一件“小事”，即奥本海默在做研究生时，常常打断别人（包括自己的导师玻恩）的报告，并走上讲台，拿起粉笔将自己认为更优的解决办法写出来。这样的事，中国人乍一听，确实深感惊讶。不过，在追求学术自由的西方，倒也不算太特殊。人是环境的产物，也是文化的产物，中西方的差别是显而易见的。作者对奥本海默持中立态度，其评价也是中性的。

邓稼先性格与为人方面的特点很多，不过，与奥本海默可谓两个极端。作者用了一系列的词句来形容：“最不要引人注目”“忠厚平实”“真诚坦白”“从不骄人”“没有小心眼儿”。

作者还特别提及邓稼先“一生喜欢‘纯’字所代表的品格”，即是承认邓稼先所具备的赤子之心。鉴于邓稼先的上述特点，杨振宁觉得他“最有中国农民的朴实气质”。作者使用正面表达的词句，并没有华美的辞藻，但是十分精准地把握了人物的突出特征，足见作者对邓稼先的认识很真切，其钦佩之情也溢于言表。

为了更好地展现邓稼先的精神面貌，作者还连举两个“文革”时期的典型例子。这两个例子，都是邓稼先说服别人，维护安定团结的局面。在那样天翻地覆的混乱年代，人们早已习惯于煽风点火、火上浇油，至少做个事不关己的局外人，“既明且哲，以保其身”。但是，邓稼先却能甘冒危险，守住阵脚，凝聚人心，确实难能可贵，“这是真正的奇迹”。邓稼先所创造的这个奇迹，关键因素当然不是口才，他并不是一个口舌利索的人。关键在于他的人格魅力，以及他在集体中的崇高地位。就侧面而言，也可以想象当年科技工作者所面临的政治与社会压力何其沉重。

作者还用了“最高奉献精神”与“理想党员”来评价邓稼先，为自己有这样的同学而自豪。这一部分，不仅仅着眼于科技因素，还深入问题的本质，从文化因素去探讨问题。从术的角度看，二者不相上下；从道的角度看，则邓稼先更胜一筹。作者极尽映衬手法之能事。

回到小标题。将邓稼先与奥本海默并置，是冒险的，而这本身也是对好友的高度赞美，哪怕底下不着一字。

四、借助感人细节抒发手足情

第四部分的小标题是《民族感情？友情？》。作者以疑问的形式拟出小标题，从文字上看，两种感情是交织与融合的，友情的成分似乎更多一些。如果说，邓稼先是一个被严重“遮蔽”的人物，那么这一部分的特别之处，也许正是在竭力地突破遮蔽状态，写两个人正面接触的事情。事情，从表面上看，好像不大，无非写1971年作者回国与邓稼先的简单会面，以及澄清谣言的过程。阔别了22年，杨振宁对中国的认识，很多地方还会被以美国为首的西方社会所严重干扰，甚至被恶意误导。在美国，邓稼先名声很大，常见诸报章。与此同时，关于制造原子弹的谣言也乘隙而入。作者也是带着疑惑去见邓稼先，并当面询问。此举，当然不是现在隔岸观火式的“八卦”心理，而是杨振宁对好友的关心与爱护，不愿意看到他受委屈，不愿意看到一位伟大科学家的名誉受损。或者说，这也是杨振宁对民族自尊心的维护，对中国尊严的捍卫。邓稼先面对杨振宁的疑问，采取了谨慎严肃的态度，经过证实后，才正式回信，以正视听，及时消除朋友对自己的担忧之情。可见两个人之间的默契。写到结尾时，作者说邓稼先“短短”的信带给他“极大”的感情震荡，其中的巨大反差令人深思。还有一个细节：“一时热泪满眶，不得不起身去洗手间整容。”文中写的并不是寻常的生离死别之情。但是，情感的巨大力量，却远远不是普通的私人感情所能涵盖。作者已经不能保持理性平静的状态，而任由情感倾泻而出。这一点，与邓稼先的朴素内敛，形成了映衬之美。

这一部分，我们还需要注意一个细节，那就是作者对邓稼先的称呼是“稼先”，从此几乎一直贯穿到文章结束。而1971年8月16日，这个有细节的时间，对应的也正是稼先托人送信给“我”的日子。隐含在以上细节中的手足情，不容忽视。

五、借助多重否定抒发同胞情

第五部分的小标题是《“我不能走”》。标题来源于邓稼先的话，它本身用的就是否定的表达。其背景是1982年某次井下出现意外，他不愿意离开，并说了这么一句话。从整篇文章看，作者直接写邓稼先的事情并不算多。这一件算是比较特别的。短短的四个字，却在人心底造成了雷霆般的力量，使人叹服。作为院长，负最终责任的人，在突发意外时，面对众人的焦虑，他以过硬的心理素质与专业素质，以强烈的责任感与使命感，以及不怕牺牲乐于奉献的精神感染了在场的人，也必将感染每一个中国人。

回到这一部分的开头，我们看到的是邓稼先的工作环境：“青海、新疆，神秘的罗布泊。”首先，我们感受到的是自然的荒凉与寂寞；其次，在古文名篇的渲染下，我们也能感受到历史的悲凉与沧桑。作者将饱满的人物形象与干瘪的活动环境进行映衬。

作者使用了几处否定式的表达：

不知道稼先有没有想起过我们在昆明时一起背诵的《吊古战场文》……

也不知道稼先在蓬断草枯的沙漠中埋葬同事、埋葬下属的时候是什么心情?

不知稼先在关键性的方案上签字的时候，手有没有颤抖?

核武器试验时大大小小突发的问题必层出不穷，稼先虽有“福将”之称，意外总是不能完全避免的。

在古战场这种极端的人文环境中，研究世界上最先进的武器，目的是阻止战争，维护和平。这本身就有种别样的意蕴，或许正是历史的讽刺吧。而兼以风沙大、气温低、位置偏这样的自然环境，种种艰难，实在是对人的精神与意志的极大考验与无情摧残。核武器试验，是当时对人类智慧的终极挑战之一。实验当中，牺牲生命的事情，也是不可避免的。自然，担负重任的领导人邓稼先在签字时，手也是会颤抖的。作者连用了多处否定式表达，一方面是在设身处地换位思考，以体会感受，特别是他面对困境时的感受，以及在此困境中爆发出来的才智与毅力。另一方面，也是在提醒读者思考，回归历史情境与语境，切实认识邓稼先的非同常人之处。

“假如有一天哪位导演要摄制《邓稼先传》”，作者满怀期待与敬意，而语气委婉。我们更愿意看到的是，这种事情不需要假设。因为，为邓稼先这样的科学家摄制纪录片之类的宣传，本身就是理所应当的，是符合国家主流核心价值的。如果不去做这件事，反倒是我们民族的失误与悲哀。作者重点谈及的是背景音乐。值得思考的是，作者建议用的背景音乐有以下特别之处:

一是父亲一生都喜欢它，而父亲长期生活在乱世；二是它产生于“五四”时代，一个狂飙突进的变革时代；三是歌词大多是中国文化因素，如“中国男儿”“长江”“昆仑”“奇丈夫”“燕然勒功”，让人热血沸腾。凡此种种，言外之意，即是用这样的背景音乐烘托邓稼先的爱国主义精神，表达对亡友的高度敬仰之情。况且，邓稼先不正是“中国男儿”与“奇丈夫”的杰出代表吗？邓稼先的精神与业绩，不正是像“长江”与“昆仑”那样让人感念？而邓稼先虽未领兵作战，但是其领导众人研制的武器，其威力早已胜过千军万马，其业绩也胜过“燕然勒功”。

六、借助感情饱满的词句抒发赞美之情

文章的最后一个部分，小标题是《永恒的骄傲》。与前面五个小标题所属的部分相比，这一块的内容简短而集中，是在引用作者写给邓稼先夫人许鹿希的电报与书信中的话。

我们继续关注措辞：“最敬爱的挚友”“无私的精神”“巨大的贡献”“永恒的骄傲”“永远珍惜”“沉痛的日子”“真正永恒”“我们应为稼先庆幸”……

其实，不光是以上列举的例子，整个部分几乎所有的措辞都指向了一个目标：对邓稼先表达怀念与赞颂之情，对其家人表达安慰与骄傲之情。为了更好地提升表达效果，作者不惜使用那些高大厚重的词汇，浓墨重彩，在字里行间营造丰碑式的意味，使读者掩卷沉思，对人物肃然起敬。

由于邓稼先本人的低调性格，也由于其所从事工作的保密性，以及政治、历史与现实的局限性，与邓稼先兼有至少同乡、同学、同行、同道等多种身份关系的杨振宁在写这位熟悉的陌生人时，能够采用的材料较为稀少，所以他只能另辟蹊径。

文本之中，作为物理学家的杨振宁表现出了科学理性。与此同时，杨振宁又是一个热情澎湃的人、富有诗意的人、有理想色彩的人，面对邓稼先，他无法抑制自己长久蓄积的感情，于是与理性相伴的是文字中难以掩藏的深情厚谊。

总之，杨振宁用饱蘸个人感情的笔墨，为邓稼先谱写了一篇富有抒情意味的微型传记。需要指出的是：文本中的各种感情是彼此融合与渗透的，并非各自截然割裂的。本文也是为了表述方便，进行了分别解读。

参考文献:

［1］孙绍振. 名作细读 [M]. 上海：上海教育出版社，2009.

［2］孙绍振. 审美阅读十五讲 [M]. 北京：北京大学出版社，2013.

（本文已发表在《语文月刊》，2019年第7期）

▶ 这是生命的原初状态

——《昆明的雨》另一种视角的解读

汪曾祺曾说："我在昆明待了七年（注：1939—1946）。除了高邮、北京，在这里的时间最长，按居留次序说，昆明是我的第二故乡。"在其留下来的作品中，关于昆明的文字，除了《昆明的雨》，还有《翠湖心影》《昆明年俗》《昆明的花》《昆明的果品》《昆明菜》《昆明的吃食》等。窥豹一斑，仅仅细读《昆明的雨》，我们也能感受到昆明在作者内心中的特殊地位。

本文写于1984年，作者已经64岁，距作者离开昆明的1946年，已有38年。岁月的酝酿，使作者得以品尝老酒。阅尽沧桑之后，作者以一颗淡然又不失热烈的心重新回味往事，不紧不慢地叙说，零零散散地梳理。我们也不妨与作者保持一致的节奏，在文本中徜徉，进而体会：生命的原初状态，是明亮的、丰满的，使人动情的。

一、生命的原初状态是明亮的

（一）先看色彩与光线

我们对世界的感受与认知，很大程度上得益于颜色与光线带来的信息，这是投射到心灵深处的印记的基础。作者本是书画家，对色彩敏感，他在文本中反反复复地使用颜色词，如第一段中浓绿的仙人掌、金黄色的花、青头菌、牛肝菌（色如牛肝），第七段中的浅绿色、颜色深褐带绿、青辣椒、颜色浅黄，第八段中的小花帽子、绣了满帮花的鞋、颜色黑红黑红的、炽红的火炭，以及第十段中的满池清水、绿叶、白花。汪老先生将颜色写得很有层次感：有浓色有淡色，有冷色调有暖色调，有单一色有复合色。其中的主打色，或者说与情感基调最相关的，是绿色，积极的、明亮的，指向正面的意义。正如作者在第五段中写的："昆明的雨季，是浓绿的。"绿色，是生命与希望的象征。浓绿呢？无疑是强劲的生命与饱满的希望的象征。深层意蕴，则是昆明的雨孕育着昆明的一切。特别是，第十段中，有这样的细节："密匝匝的细碎的绿叶，数不清的半开的白花与饱涨的花骨朵，都被雨水淋得湿透了。"依据生活经验，大雨之后的绿叶，会有特殊的光泽，明亮而深沉。这是一种让人看了以后怦然心动的景象。

通过作者对色彩与光线的描述，我们看到昆明的雨作为最高精神价值所系，代表着原初生命状态的美好与纯净。一种既有人类活动的印记又不违背自然之美的和谐状态，在昆明这座边陲城市得到了最好的展示。

（二）再看笔调

每个作家都有自己的行文特点，背后则是心理状态的映射。汪曾祺也不例外。欣赏汪老的文章，一方面，就内在而言，需要一种与之匹配的心境，去除浮躁之态，认同慢节奏的价值。另一方面，你甚至可能需要洒扫庭除，使窗明几净，并焚香饮茶，有种人情世态悟得通透后的自由洒脱。

我们看具体的文字。

第七段中，这样写："牛肝菌色如牛肝，滑，嫩，鲜，香，很好吃。"这当然是一个短句，一个便于烘托情感，集中为抒情服务的短句。但是，这个句子，严格来说，是短句中的短句，即短到极致的短句。作者竟然一字一顿，一字说一个意思，一字传达一种感受，而又不具体展开，让你有充分的想象空间，哪怕你胡乱地去虚构。非如此，似乎不足以表达作者内心深处的愉悦吧？这种明快而简洁的笔调，是能够招人喜欢的。

第七段中，作者一共写了五种菌子：牛肝菌、青头菌、鸡枞菌、干巴菌、鸡油菌。摆在一起，如置目前，必然就有比较。其中，作者以"菌中之王"评价鸡枞菌，认为青头菌格调比牛肝菌高。同时，他还觉得干巴菌中吃不中看，鸡油菌中看不中吃。作者不仅对各种菌子的区别了如指掌，还进行了细致的描述，而且关键的一点是：他毫不掩饰自己的态度。怎么想，就怎么写。好就是好，不好就是不好，美中不足就是美中不足。作者虽然也是文人，而且还被人称为"中国最后的士大夫"，但是他的笔调中却充满文人们少有的生活气息，以及真诚坦率的元素。文人之笔，历来多有虚饰。作者显然不屑于此，而是极其自然地流露出好恶之情。如果说，用一个“纯”字可以概括邓稼先在为人方面的过人之处，那么用一个“真”字也可以总结汪曾祺在行文方面的独到之处。

关于标点，不得不提的两处是：“这东西也能吃?!”“这东西这么好吃?!”两句话，都是问号加上感叹号，强化情感，前后形成照应关系，还有逻辑上的递进关系。语气中的细微变化，洋溢着一股天真可爱的孩子气。说到底，还是一个“真”字。

第八段中，谈及“火炭梅”，作者说“这个名字起得真好”。第九段中，聊到缅桂花被北京人称为“把儿花”时，作者直言：“这个名字真不好听。”汪老能固守一个“真”字，行文的笔调自然流畅，不虚美，不隐恶，虽然在写日常情形，仍然不失良史笔调。

作者的笔调，也是明亮通透的，如同雨中的昆明，灵动而又实在。作者不去刻意修饰，只是采用最准确的词语去描述生命的原初状态在昆明的种种表现，而雨是关键的因素，也是值得礼赞的。

二、生命的原初状态是丰满的

我们继续看文本呈现的例子。如“浓绿”一词，在“绿”前冠以“浓”字。浓者，水分少，达到黏稠饱和状态。该词，在第一段与第五段中出现，先后形容仙人掌与雨季，前者是具体的，后者是抽象的。而抽象的雨季这一特点，则是暗示昆明极具生机与活力的美在整个雨季中达到饱和值，到了令人心醉的程度。

第六段中，形容仙人掌“多，且极肥大”，“周围种了一圈”。寥寥几笔，已经让人感受到作者对昆明雨季中富有特色的植物的赞美与惊奇之情。情感的饱和度，经由简单的字词表现出来。作者在写菌子时，这样表述：“极多”“最多”“也最便宜”“家家”“连……都”“滑，嫩，鲜，香”“菌中之王”“鲜浓”“无可方比”“随处可见”“入口会使你张目结舌”……在写杨梅时，用“黑红黑红”形容颜色，用“有一个乒乓球那么大”形容体积，用“一点也不酸”描述味道，用“好像都比不上”比较优劣。写缅桂花时，用“很香，香得像兰花”形容气味，又用“密密的”“把周围房间都映绿了”形容茂盛之态，用“软软的”形容心里的感受。在第十段中，这样写：“满池清水”“这样大”“一动也不动”“很多”“沿岸都是”“把院子遮得严严的密匝匝”“数不清”“饱涨的”“湿透了”“就这样一直坐到午后”……这些细节都指向“修饰与描摹达到饱和值”这一点。从词语的角度，我们可以看到副词、形容词与动词，还能看到叠词。从状态的角度，我们可以看到极端的情况——它既来源于现实，也是作者真实的感受。

作者在文中大量写属于昆明雨季的典型动植物、特有的场景，以及在这样的环境中存在着的人：卖杨梅的苗族女孩子、寡妇与养女、传说中的陈圆圆、小酒店里的顾客（包括“我”）。

作者为了展示生命丰满的原初状态，可谓在细微处极尽书写之能事。任何与雨季明相关或暗相关的对象，都是他写作的素材，也是灵感。通过直接写雨与间接写雨，昆明的雨得到了多角度的呈现。

而看到这样的文字，我们也被作者带到了一个让人目不暇接的植物王国里，在其中饱览盛况，窥视纯净优雅的天地。我们需要注意的是，文中反映的情形与情境出现在1939—1946年间，当时的中国仍然处于动荡状态。然而，在偏处西南一隅的昆明，人们仍然是“诗意地栖居”，至少在作者心里，大致如此。这里的状态对比十里洋场的上海、江湖之地的武汉、帝王之都的南北两京，当然还是慢节奏的，较为原始的。这里有难得的一方宁静，毕竟上天对昆明恩宠有加，使这里呈现出富饶美丽的一面，足以滋养大量的人口，更能涵养闲适的性情。

作者说“我觉得昆明雨季气压不低，人很舒服”，并认为只有到了昆明，他才真正对雨季有具体感受。作者对昆明的雨季是存在着明显的偏爱心态，这种偏爱已经深入血肉与骨髓，变成了精神图像的一部分。昆明，拜雨季所赐，已然成为作者内心原初生命状态的经典代表，它寄托着作者对一切美好的自然存在与生活方式的向往之情。

三、生命的原初状态更是使人动情的

汪曾祺的散文，乍一看，闲笔甚多，经常旁逸斜出，镜头转换快速。然而，每一处看似漫不经心的闲逸，细细思来，却又紧紧指向主题。在文本中，我们也能察觉到：生命的原初状态是使人动情的。这一点，作者不仅通过植物与动物，以及富有意味的场景来体现，更是离不开“人”的角色。我们一一细看：

（一）一幅题了字的画

文本的开头是别具一格的。作者抛开了开门见山的寻常写法，而是先卖个关子，绕个圈子，由一幅画写起。索画者不是别人，正是作者在西南联大读书时的同学，且是同龄人。是昆明，让彼此结下了友谊。巫宁坤点名要一幅关于昆明的画，而且要能融入昆明的特点。可见，昆明是一座在特殊年代留下难以割舍的集体记忆的好地方，并不仅仅是中国版图上的一个简单地名。作者没有拒绝，毕竟这里有深情可以寄托。他这么说："我想了一些时候。""别来沧海事"，都略去不提。作者抓住了仙人掌、青头菌、牛肝菌等典型的事物。题字时，谈及昆明民俗。与此照应，在第六段中，关于民俗的文字较为详细。有意思的是，就仙人掌而言，作者先从外部的美写起，说它"浓绿"，末端开"金黄色的花"。然后向内挖掘，从民俗角度写它作为辟邪的工具，这里其实已经同时转向了实用角度，还带着文化气息。到了第六段末尾两句，纯粹就是实用角度与生活气息，说它可以被用来代替篱笆，以刺来阻挡贪吃的猪和羊。作者行文的跳脱美与跳跃感，让人感受到背后浓浓的怀念之情与调侃之味。处于原初状态的昆明，还保留着较为原始的风貌：民俗中的辟邪观念与举措，底层民间的生活智慧，尽在其中。这些都是基于昆明的具体环境而存在的，是与现代文明保持距离的生命的原初状态，也是令人动情的。

（二）一个关于鸡枞菌的笑话

在第七段中，写着写着，突然穿插入一个笑话：

有人从昆明坐火车到呈贡，在车上看到地上有一棵鸡枞，他跳下去把鸡枞捡了，紧赶两步，还能爬上火车。这个笑话用意在说明昆明到呈贡的火车之慢，但也说明鸡枞随处可见。

这确实是一个笑话。从这个笑话中作者解读出两点意思，一点是原本的用意，一点是作者补充的观点。

首先，它固然反映昆明一带的火车慢，深层意蕴其实在于当时昆明附近生活的节奏慢。或者说，火车慢只是表象，它具有象征意味，既象征着西方文明之风已经吹到了春城昆明，同时更重要的是象征着当时的昆明仍然有传统的思维方式与生活方式在有限度地抵制“文明”。这种矛盾意味深长，我们也很容易由此联想到木心的那首《从前慢》（“从前的日色变得慢，车马邮件都慢”），并且重新审视现代文明。作者并没有对缓慢的火车进行否定，甚至还有赞赏之情——这是作者怀念的原初生活状态。

其次，正像作者所言：“也说明鸡枞随处可见。”延伸一下，反映的核心现象是昆明的资源丰富，事物易得，在这块宝地上生活是一件轻松愉快的事情。对比当时的中国“一寸山河一寸血”的广大地区乃至被战争魔鬼破坏的世界，我们不难体会到偏居一隅的人们的那种幸运感。这种感觉，潜藏在文字里，需要我们品一品。

再次，我们回归情境看看。一个人身在火车上，仅仅因为看到地上有一棵鸡枞，就跳下去捡。我们暂且不说不顾生命危险，因为你会说火车慢，危险不大。这里的关键点是：人们对鸡枞菌这种美食的极度喜爱。喜爱到什么程度呢？十分疯狂，不顾成本，出于本能。第一，连一棵也不放过，小小的一棵也有巨大的诱惑力。第二，不嫌麻烦，明知要跳下去，要捡起来，还要赶回车里去，也无所谓。第三，省略思考过程，看到就下车去，这已是一种由潜意识支配的活动，习惯了方成自然。

人们对生命的原初状态的留恋之情，通过火车与菌子两个对象得以表现出来。无论如何，这个笑话放在文中，对情感的表达都极有好处。

（三）卖杨梅的苗族女孩子

在汪曾祺的老师沈从文的《云南的歌会》中，我们也能看到少数民族女孩子所散发出的健康、活泼、质朴、纯正的气息。汪曾祺受其老师影响很大，从审美情趣到为人处世风格，都学到了骨子里。这一点，从汪曾祺写的《我的老师沈从文》中可以窥见。

回到文本。我们首先感受到的是女孩子具有民族特征的服饰美："戴一顶小花帽子，穿着扳尖的绣了满帮花的鞋。"这本身就是最美的风景，一种自然的诗意美，无须多言。注意，女孩子坐的位置："人家阶石的一角。"台阶是用石头砌成的，这不就是贴近自然的原初状态？坐在一角，而不是中心，反映了女孩子的羞涩与谦卑。依据当时的道德规范，这样的淑女有种含蓄美，令人怜惜与尊敬。后面接着写她如何吆喝。频率上，是"不时"，有节制，不张扬，尽管手中的杨梅味道好极了。声音的特点是"娇娇的"，具有女性应有的柔美特征，完全契合传统的审美要求。作者又追加了一笔：“她们的声音使得昆明雨季的空气更加柔和了。”此乃点睛之笔。妙在写出了人物（不光是声音）与环境和谐统一之美。这不就是中国古人所推崇的“天人合一”的智慧在生活中的具体表现吗？与其说作者偏爱昆明的杨梅，不如说是怀念与之相关的那种风味。女孩子的衣着、气质、行为，其实都是生命原初状态的缩影，是作者的情怀所系。

（四）房东和养女

作者在写缅桂花时，不知不觉间（作者似乎经常如此），就写到了房东和养女。值得注意的是，这个房东是一个寡妇，五十多岁了。女儿也只是养女，在一个注重宗族血缘的年代里，二者很可能并没有血缘关系。这对母女大抵各自遭遇了悲惨的命运，才走到一起。回到字里行间。作者在提及母女前，先写美好的景物：“院里有一棵大缅桂，密密的叶子，把四周房间都映绿了。”后面写房东时常给各家送缅桂花，七寸的盘子往往摆满了花。与美景相互映衬的，正是这种人性之美。那时候的人，或许心地更为善良。所以，作者又补记了一笔：“带着雨珠的缅桂花使我的心软软的。”世界充斥着纷争与喧嚣，我们习惯于追忆从前的人与事，怀念往日的点点滴滴，因为在我们的印象中：生命原初状态下的人，更具有人情味，更好相处。

（五）莲池水与陈圆圆

作者写看满池清水与陈圆圆石像时，骤然补了个夹注：“传说陈圆圆随吴三桂到云南后出家，暮年投莲花池而死。”这里，很谨慎地使用了“传说”一词——中国人向来迷恋于谈论历史传说，真真假假难辨，却能增添别样的氛围。莲池清水代表的是现实，陈圆圆代表的是历史，二者融合。后面又补了六个字：“雨又下起来了。”雨在这里渲染了凄清的气氛，如怨如诉，使人不胜其愁，思古之幽情，文化愁思缠绵无尽。传说中，“单纯”的陈圆圆跟随“复杂”的吴三桂从北方来此荒蛮之地，后又出家，最后投水而死。这里关于无情命运的思考，自不待言。生命的原初状态，或许就是这一池清水，不受尘俗污染。但是社会恰是柏杨笔下的“酱缸”，使人难以摆脱。陈圆圆死于水，大约也是一种隐喻。清水与大雨，作为环境，寄托着作者对原初生命的深沉而朦胧的追思。

（六）一个小酒店

作者的文字，貌似信笔拈来，又能衔接自如。“莲花池边有一条小街，有一个小酒店”，这里有两个“小”。小的是物理与地理状态，然而在作者眼中，小中也包含着另一面：原初状态下美好的生命格局。请看，作者与朋友们点了酒食，从从容容地吃喝，任外面的雨下个不停，没有抱怨声。相反，作者还饶有情趣，写了酒店周围的景致：大木香花，“将院子遮得严严的”，绿叶、白花、花骨朵被雨水淋得湿透。作者使用了工笔细细描绘。除了人与植物，作者还转换角度，写了酒店里的几只鸡，对其表现予以特写镜头展示：“都把脑袋反插在翅膀下面，一只脚着地，一动也不动地在檐下站着。”鸡原本是异常胆小的弱者，然而在文中却能有非常态的举动，它们完全可以无视周围的情况，如入定的老僧，雷打不动。不难看出，即使是鸡也能感受到环境的友好，并享受着安全感。写鸡，也是侧面烘托人，或者人类社会。相反的例子叫“鸡飞狗跳”“鸡犬不宁”，对照一看，汪老的用意就很明白了。

一个小小的酒店，也为作者提供了体察生命在原初状态下的一幕幕美妙景象的绝好机会。

（七）一首小诗

严格而言，文本中有两首小诗，一是李商隐的《夜雨寄北》（只提到题目），一是作者写的并且附在文末。李商隐的诗，借助巴蜀一带的夜雨来抒情，回环往复，一唱三叹。作者则通过莲花池、苔痕、浊酒、木香花、雨等诸多昆明事物，表达自己对四十年前那天（生命的原初状态）的情味的无限怀念之情。

这首诗，明白如话，又情深意长。同时，它也与前文的书画、民俗、笑话、传说构成了一个完美而有层次的整体，为文章添加了趣味与韵味。

总之，汪曾祺在《昆明的雨》中，通过与昆明、与雨相关的琐碎的对象，借助多样化的手法，贯穿一条情感的主线，富有立体感与趣味性，将文化气息、生活气息融合，将感性表达与理性沉思统一，表达了作者对原初状态下的生存方式的无限怀念与赞美之情。昆明的雨，即生命的原初状态的象征与代表。

参考文献：

[1] 汪曾祺. 一草一木 [M].长沙：湖南文艺出版社，2015.

[2] 汪曾祺. 美食人生 [M].长沙：湖南文艺出版社，2015.

[3] 木心. 木心诗选 [M].桂林：广西师范大学出版社，2015.

（本文已发表在《语文建设》，2019年第11期）

▶ 《壶口瀑布》的“五诀”之美

梁衡在《文章五诀》中写道：“（文章）变化再多，基本的东西只有几样，概括说来就是：形、事、情、理、典五个要素，我们可以称之为‘文章五诀’。其中形、事、情、理正好是文章不可缺少的景物、事件、情感、道理四个内容，又是描写、叙述、抒情、议论四个基本手段。四字中的‘形’‘事’为实，‘情’‘理’为虚，‘典’则是作者知识积累的综合运用。”这既是对梁衡散文创作经验的一般性总结，也是广大散文作者创作方法的概括与提炼，《壶口瀑布》便是依据此“五诀”营造散文之美的。本文将从“形”“情”“理”三诀来析其文采、谈其审美和论其思想。

一、依“形”诀，析“文采”

法国作家福楼拜有一句名言：“你要描写一个动作，就要找到那一个唯一的动词，你要形容一个东西，就要找到那个唯一的形容词。”梁衡也曾在《词汇的力量》一文中提到：“文章为思想而写，只有准确的词汇才能表达准确的思想。”[①]梁衡是选词、用词的高手。

单看课文第四段，就运用了26个不同的动词来描写黄河在壶口的盛大景象。这些不同的动词，表现了壶口瀑布景观的不同方面。其中，有的描写形态，如：跨、夺路而走、乘隙而进、折返迂回；有的描写速度，如：涌、打漩；有的描写场面的变化，如：跌、碎、消失、抖落、成。这些变化多样的动词，使描写更具动态感、更有画面感，壶口瀑布的逼真情态、动人情致、盛大气势得到了充分展现，令人如临其境。作者在《为文第一要激动》中说：“为文为什么要激动，就是为了产生一种爆发力、爆炸力，这样才能震撼人心，感动读者。”作者所着力营造的强烈的视觉冲击力，正是有关“力”的美学。作者惊讶于大自然超凡的创造力，不惜借助大量的动词来表现壶口的动态之美、情态之美、力量之美。

再看数量词。量词的选用，往往带有作者独特的喜好，彰显了作者的匠心。本文中的量词，丰富多样，极具表现力。除常规的量词外，文中的量词，有的由名词充当，使描写更加形象直观；有的由动词充当，使描写更具动态感和画面感。

如第四段中，“一卷飞毯”“一卷钢板”“拢成一束”，使描写富有形象感；“一道彩虹”“一曲交响乐”“一幅写意画”

① 梁衡：《词汇的力量》，《课程·教材·教法》2013年第6期，第3—7页。

等，这些常规的量词富于变化，使文章语言更加丰富多彩；“三跌”“四跌”则将动词作为量词，是较为少见的语法现象，但却极具动态感和画面感。这一处陌生化的手法赋予黄河“人”的姿态，几处“跌”为黄河奔流制造了节奏感，将黄河水在壶口处由高到低不断跌落的情态表现得更加生动逼真；而“一川大水”“一川黄浪”则将名词用作量词，使得描写更加具体形象可感，壶口处水势之盛大跃然纸上。

词语矛盾与词语重复的独特安排也是本文的一大特色。作者在文中有意无意间使用了看似矛盾的表达形式，构成了词语矛盾现象。如：“由宽而窄，由高到低；拢成一束，隆隆冲去；夺路而走的，乘隙而进的；折返迂回。”它们共同写出了壶口瀑布在一个特定的地理形态之中生生灭灭的过程。表面上看，词语前后有矛盾现象，但也正是这种独具匠心的矛盾安排，让文章于文辞之中产生了一种特殊的张力，这种张力极为恰切地彰显了壶口瀑布非同一般的气势与格局。词语重复在文中也随处可见，这并非作者词穷之故，而是作者刻意为之。典型如：“跌”字，“它们还来不及想一下，便一齐跌了进去”“先跌在石上，翻个身再跌下去，三跌、四跌，一川大水硬是这样被跌得粉碎……”，一共出现了六次，既体现了空间感，又体现了垂直距离之大。同时，不断地重复出现，写出了河水在巨大的落差之下不断跌落、奔腾前行的连续性动态过程，黄河的盛大气势和巨大生命力通过这六次重复的“跌”便淋漓尽致地表现出来。“冲”字，“但上面的水还是一股劲地冲进去，冲进去”“向龙槽里隆隆冲去”，出现了三次，体现了激情和力量感，更体现了黄河的那种不屈不挠、遇强则抗、勇往直前的精神。

无论是词语的精准选用，还是词语矛盾和词语重复的独特安排，都彰显了作者在用词方面的功夫，使文章不但文采斐然、颇具可读性，文章描写的主体——壶口瀑布，形象也更加准确逼真、生动而有灵性。

二、依“情”诀，谈“审美”

朱光潜认为美感有两个要素，其中一个是：“目前意象和实际人生之中有一种适当的距离。”[①] 这个距离，是时间距离，是空间距离，也是心理距离。

作者第一次去壶口，选了雨季，在过来人眼中当然是不合适的。但是，作者出发前没有考虑那么多。为什么？因为他只是被一种美深深吸引，一心想要前往目的地，无意于进行周密的安排。临出发前，有人告诫这个时候去看壶口最危险。就是说，旁人只是从实用理性角度去劝说，而作者，显然放不下审美视角。罔顾忠告，壮着胆子去，被远方的诗意与美牵引而去。换言之，作者对诗意与美的深度渴望，已经远远胜过对危险的恐惧。这一点很有意思。在文章的开头部分，读者就能十分直观地感觉到作者不同于常人的表现。到了现场，果然如人所言，危险就在眼前，作者的此次游览，只不过是证实了别人的忠告，还谈不上个性化的审美体验。仓促之间，作者感受到的美，几乎停留于神秘

① 朱光潜：《朱光潜谈美》，华东师范大学出版社，2012年，第24页。

之美与惊险之美，并不能令他满意。他远未尽兴，只得快快而归。这次失败的审美经历，拉开了作者与壶口瀑布之间的审美距离，实际上却起到了在情感上为后文写第二次成功的审美经验蓄势的效果。

由于对美抱有强烈的向往之情，作者并不就此罢休。第二次再去壶口，在枯水期选好立足点观瀑布，从从容容，慢慢观察天造地设的奇景，细细品味其中的精神意蕴，算是真正意义上的发现之旅。作者发现了形而下的美，也对美进行了形而上的思考。作者首先感受到了壶口瀑布的壮、险、猛、奇，于是流淌在笔端的是各种细致的描摹。因此，作者不惜笔墨，浓墨重彩，反反复复地抓住壶口瀑布的特点去写。如果不是第一次时作者与真相之间存在距离感，第二次时作者所体验的美感也就没有那么充分与热烈。

朱光潜认为美感的第二个因素是："在观赏这种意象时，我们处于聚精会神以至于物我两忘的境界，所以于无意之中以我的情趣移注于物，以物的姿态移注于我。"[①] 朱光潜还说："'移情作用'是把自己的情感移到外物身上，仿佛觉得外物也有同样的情感。"[②]

作者第二次欣赏壶口瀑布，选择了恰当的时间与地点，也看到了自己想看到的景象。在此基础上，作者移情于物，他眼中的壶口瀑布，已经不再是单纯的自然风光，而是映射着自我的灵

---

① 朱光潜：《朱光潜谈美》，华东师范大学出版社，2012年，第24页。

② 同上书，第18页。

魂：“集纳了海、河、瀑、泉、雾所有水的形态，兼容了喜、怒、哀、怨、愁”“黄河博大宽厚，柔中有刚；挟而不服，压而不弯；不平则呼，遇强则抗，死地必生，勇往直前”。作者的“自我”，也不局限于个体生命，而是代表着人类的文化心理，特别是中华民族在长久的历史中所孕育的文化心理。这一次，作者得偿所愿，看得入神，他的情感体验达到了巅峰状态，自然流露在笔底，其审美活动真正地进入了崭新的阶段。作者所体验的美感，源于移情，同时，他又将通过移情体验到的美感，以由景入情、由物及理的方式通过文字传达给读者，让读者获得同样的审美体验。

三、依“理”诀，论“思想”

文章如果没有美，只有思想，就显得干枯。相反，如果只有所谓的美没有思想则显得浮泛。倘能将二者紧密结合，感性与理性的融合度就能提升。

作者在第四段结尾时，由“陷入沉思”，很自然地引发了思考，一种奇思——怎么一下子集纳了海、河、瀑、泉、雾所有水的形态，兼容了喜、怒、哀、怨、愁——人的各种情感。造物者难道是要在这壶口中浓缩一个世界吗？壶口瀑布，毫无疑问是世界地理奇观。梁衡用高度概括的语言总结出客观对象的突出特点，提出发人深省的问题。作者在这里不再满足于做作家，而是以思想家的角色来感慨。

在第五段中，作者的视角转换，集中观察石头。先说石头的坚固，“如钢似铁的顽物”，马上又写石头的脆弱，如“被水凿得窟窟窍窍”，转变之快令人惊讶。其后，作者的辩证思维就自然流露出来：“人常以柔情比水，但至柔至和的水一旦被压迫竟会这样怒不可遏。原来这柔和之中只有宽厚绝无软弱，当她忍耐到一定程度时就会以力相较，奋力抗争。”字字句句在写水，又字字句句在写人，字字句句在写生命的规律，又字字句句在表达哲理。这样的文字如同一张思想的弓，刺向远方，让人回味无穷。

文章第六段，作者表面上在写黄河，写出了宇宙万物的特点，又说“正像一个人”，还说“铸就了自己伟大的性格”。壶口瀑布，既有生与灭的自然过程，又有生生不息的传奇。作者从壶口瀑布中看到了伟大的生命力量，感受到了伟大的精神面貌，还触摸到了一个古老民族历经磨难之后所焕发出的伟大的性格特征。

作者抓住九曲黄河重要的一个点——壶口瀑布，来观察黄河的性格，来思考我们这个民族的精神特征，来体察这个国家在历史上所遭遇的种种苦难与危机。作者将文本的价值提升到一个全新的高度与境界，远远超越了一篇寻常的游记散文止于写景抒情的狭小天地，而具有了值得品鉴的哲学意味。正是因为作者坚持“为思想而写”，这篇散文才更有生命力，更耐人咀嚼。

这篇散文写就的时代，正是中国社会各种思潮翻涌的年代。知识界普遍有世界眼光与家国情怀，也热衷于探讨中国的历史文化与未来命运。作者把握着时代的脉搏，将写作视角凝聚于壶口瀑布，在洪水与巨响之间沉思，表达了对中华民族在历经磨难后所爆发出来的伟大力量的赞颂之情。

《壶口瀑布》以精雕细琢的文字和细节描绘壶口瀑布的壮美“形境”，又以独特高超的表现手法营造了壶口瀑布激动人心的“情境”，更以富含哲思的理性思想内涵创设了本文发人深省、引人为傲的“理境”，为我们呈现了一篇形、事、情、理、典兼容，“五诀”之美兼具的经典美文。

参考文献：

[1] 梁衡.我的阅读与写作[M].北京：北京联合出版公司，2016.

[2] 朱光潜.朱光潜谈美[M].上海：华东师范大学出版社，2012.

[3] 梁衡.词汇的力量[J].课程·教材·教法，2013（6）: 3—7, 86.

[4] 蓝翠英.散文教学中的语言品读策略浅探[J].现代语文(教学研究版)，2017（11）: 99—101.

（本文已发表在《中学语文教学参考》，2020年第11期）

▶ 从小处读小说

——以“小”的视角读《刘姥姥进大观园》

《刘姥姥进大观园》是《红楼梦》中的一个经典片段。刘姥姥在这部鸿著中是一个小角色，关于她的事件是游离于主线之外的小事件。但是这样的小人物、小事件在原著中格外出彩，饱受好评，彰显了曹雪芹描写小说细节的深厚功力。阅读《红楼梦》，该从这样的小处入手，看小反应的大渲染，看小人物的视角变化，看小人物的丰富内涵，见微知著，这样有助于学生对《红楼梦》的艺术价值有更深刻的认识，也有利于学生审美的鉴赏能力提升。

一、刘姥姥“看”大观园

《红楼梦》中写刘姥姥进大观园，前后共三次，课本中的是第二次。无事不登三宝殿，这一次表面上是为谢恩而来，其实是为了谋求更多的生活资源。既然有求于人，那一举一动自然别有深意。

（一）略看房屋

大观园是贾府高贵地位的象征，刘姥姥则是穷苦百姓的代表。二者本来并无故事，并置在一起，也显得很不协调，奇怪的错位感扑面而来。但是作者偏偏这么安排。那就有看头。刘姥姥看房屋，她究竟看到了什么？她看到了“大家子住大房”的气派。虽然一路看到了光名号就高雅脱俗的潇湘馆、紫菱洲、蓼溆、秋爽斋、晓翠堂，被凤姐带路时又瞧见了许多让一双老眼感到新鲜的房屋，但刘姥姥并未将注意力过多地停留其上，点评也十分简单。从刘姥姥来看，文化知识的限制只让她注意到房屋本身的高、大、宽、多、豪。从房屋的文化特征来看，一来房屋是贾府秩序的外在体现，稳定而庄严，二来各家主子居住的房屋个人色彩很浓厚，不宜评说，不宜“玩戏”。同时，对房屋这一大观园最显著的外在特征的忽视，进一步证明了刘姥姥的醉翁之意不在“游”。

（二）精看物件

“大箱、大柜、大桌子、大床”，这些是从刘姥姥嘴里直接说出来的。所有的日常物件，在刘姥姥眼里都非同凡响，反复以“大”字来形容，反映了物件的这一特点对她造成的内心震撼感。平心而论，小人物对大物品，总是那么容易关注，那么容易迷恋。贾府中人，肯定早就习以为常了，见怪不怪，他们的审美迟钝与刘姥姥的审美敏锐，形成了鲜明的对比。刘姥姥的反应，一方面反映了刘姥姥作为普通劳动者，词汇相对贫乏；另一方面，也可见刘姥姥以一种仰视的姿态欣赏着贾府。刘姥姥所见的，是远远超出个人生活经验的排场与豪奢。囿于极其有限的认知水平，她实在难以理解。如文中写道："怪道后院子里有个梯子，我想又不上房晒东西，预备这梯子做什么？后来我想起来，一定是为开顶柜取东西；离了那梯子怎么上得去呢？"从另外一个角度说，刘姥姥知道自己的粗鄙不但不藏拙，反而大肆渲染，勇于暴露自己幼稚的"猜测"。这样的"自嘲式搞笑"满足了大观园人的虚荣心，同时也为呼应自己的"来意"创造了机会。

"凤姐手里拿着西洋布手巾，裹着一把乌木三镶银箸。"西洋布手巾，这一细节反映了贾府的洋气。这个府邸与西方文明已经有了切实的联系，显然是受了皇宫的影响，它正好也是皇宫的缩影。乌木三镶银箸，课本注释则为："乌木材质坚实，不易弯曲，所以常用来制作筷子。一些奢华的筷子，除用银包住下截外，还装饰上顶和中腰两部分，叫作三镶银。"从细节上看，凤姐亲自拿着它，外面还用西洋布手巾包裹着，足见即使在贾府，这样的筷子也是很珍贵的，持有者必须格外小心。

这样珍贵的筷子给刘姥姥使用，比起自用来说更不合规制，也彰显贾府"有意的权富炫耀"。另一方面，刘姥姥的"自嘲式嘲笑"也起到了作用，贾府人对她更加大方，更乐于展示自己的"高贵"。

（三）远看人物地位

刘姥姥眼里看到的世界，是一种超脱园内利益关系的客观视角。在大观园中，我们看到了一个等级森严的世界，这是传统封建家庭的缩影。贾母是权力的代表，她的地位无可撼动——贾府之中，辈分最高，身份最尊，阅历最广。即使退居二线，她仍然掌控着一切，关心着贾府的管理细节。王熙凤等众人，则在一定范围内分享着权力。众丫鬟，是被侮辱、被损害的对象。在一个金字塔的结构中，大家各司其职，相安无事，至少表面上如此。这样一种超稳定的结构，如果没有遭遇特殊的情况（如战乱、天灾、死亡），无疑将会继续维持。这也是可怕的。

换个角度，刘姥姥的进入对园内人来说是一种“鲶鱼效应”，异质感带来的是新鲜感，是审视不同世界的机会。在一种僵死的生活圈里，引入新的人物，特别是刘姥姥这种呈现出异质特点的人物，小说的故事就一下子被带活了。如果没有刘姥姥到来，大家如何能真切地触摸到这一方天地之外普通人的生活呢？

二、刘姥姥“逗”众人

（一）小人物，大智慧

一个小人物如何在富贵温柔之地找到自己的位置呢？如何与高贵的人物对话？如何博得众人的欢心？这些都很考验人。刘姥姥已经七十五岁了，年岁甚至超过贾母。但是，她完全放得下身段，十分配合王熙凤与鸳鸯去演一出好戏，去帮闲凑趣，为大家带来久违的欢乐。小人物长期在尘世中经受各种苦难，所谓的尊严与人格，对于他们而言，显得遥远而不切实际。道德不济饥寒。刘姥姥早已揣摩好贾府众人的心理，也大致知道自己该如何

“本色演出”，讨人欢心。

刘姥姥的动作富有特点，相比而言，她的语言更值得我们深究。且看原文。“这个叉巴子，比我们那里的铁锨还沉，那里拿的动他？”叉巴子，是乡村常见的农具，名称通俗，形象，幽默，还有夸张意味。刘姥姥嘴里又蹦出“铁锨”，又是一个劳动工具。她三句不离本行，张嘴闭嘴都是乡土气息浓厚的物件，不改劳动者的本色。她用俗物形容雅物，将两个极端的事物进行比照，由于彼此反差巨大，具有强烈的审美效果。后面她又说：“老刘，老刘，食量大如牛：吃个老母猪，不抬头！”还配合着怪异的动作：“鼓着腮帮子，两眼直视。”大概是够滑稽的。所以，紧接着就引来“群笑图”。智慧有很多种，自我贬低式的自嘲，将自己降格为物，甚至是低等动物，如牛与猪，更是需要勇气的，也是智慧的体现。而且，细看刘姥姥这句话，还真的耐人寻味。老刘，老刘，是称呼自己。反复，强化语气与情感，吸引注意力。“刘”与“牛”，与“头”，前后押韵，朗朗上口，轻松诙谐，像是顺口溜，又像是民谣歌词。回到语境中，刘姥姥是站起身来，在一个平时气氛压抑沉闷、秩序僵化严酷的地方，高声说这一句的，还是在贾母刚刚说完“请”之后。可见刘姥姥善于捕捉喜剧的时机，本色表演，一鸣惊人。

继续看。刘姥姥在使用不听使唤的筷子时，这么说：“这里的鸡儿也俊，下的蛋也小巧，怪俊的。我且得一个儿！”刘姥姥是一个“丑角”，而“丑角”往往是文学的救赎。刘姥姥使表面上波澜不惊的贾府着实痛痛快快地乐一回。当看着李纨和凤姐对坐吃饭时，刘姥姥冷不丁地冒出这样一句话：“怪道说礼出大家。”周汝昌加按语：“礼出大家四字在刘姥姥口中听得，岂是一般乡村老妇之所能及，故莫把姥姥当真看作毫无知识之人。”在凤姐与鸳鸯事后笑着向刘姥姥“赔不是”的时候，刘姥姥也笑着说话，从容应对，与整个氛围高度契合。刘姥姥明明白白地告诉她们：自己心里并不恼，哄好贾母才是大事。哄好了贾母，众人高兴，刘姥姥也不至于空手而归。周汝昌又加按语：“我谓刘姥姥聪明绝顶，是书中第一奇女流也。读者幸勿以可笑之人视之。”

（二）喜剧人物，悲情社会

作者善用对比的方法，让乡下老太太刘姥姥进大观园，一个气派十足的常人难以欣赏的地方。俗与雅，贫与富，贱与贵，小与大，凡此种种，无不形成巨大的反差，使人印象格外深刻。刘姥姥一旦进了大观园，读者只看题目，就知道必然有非常特别的故事，就有一种强烈的阅读期待。

刘姥姥是一个悲剧人物，她生活在社会底层，连生存都成问题，女婿也靠不住，迫于生计只得自己出马，忍着一张老脸，拖着七十五岁的身板，上门求助。读之，令人鼻酸。这是一个伦理有些混乱的家庭，而这只是当时的一面镜子。杜甫说：“朱门酒肉臭，路有冻死骨。”李白说：“弹剑作歌奏苦声，曳裾王门不称情。”向豪门大族乞求怜悯，试图分一杯羹，简直比登天还难。旧时代的读书人为了尊严与脸面，往往不屑于此。然而，身在社会底层，吃过种种苦头的刘姥姥，已经别无他法，她得代替自己的女婿去叩门。

这里重点想说的是：刘姥姥也是一个喜剧人物。她有超人的喜剧天赋以及高超的制造喜剧效果的本领。她年逾古稀，饱经风霜，对于人情世态早已有清醒冷峻的认识。她的幽默之举，更多的是冷的、黑的、酸的，让人感觉复杂。

仅仅就表象而言，贾府无比庄严雍容，它时时处处可以维持着正常的秩序，大家活得体面，有尊严，但毕竟显得过于程式化，呆板、僵化、乏味，如一潭死水，正需要一些波澜来调节。说得阔气一些，贾府只是一所高级监狱，而府中大大小小的人物，也只是高级囚徒而已。无疑，这时的刘姥姥就注定能扮演重要的角色。作者引入非常人物，进而通过非常事件的描写，来打破原有的僵局。

从刘姥姥的女婿女儿一家，我们能看出当时的社会底层所呈现出来的悲情的一面，这一面由于物质资源的极度匮乏，也由于人性的弱点，逼得本该颐养天年的刘姥姥亲自上阵，一次次踏入高宅大门之内。从贾府之中，我们看到了富足升平的气象，见证了各种稳定有序的场面，也佩服行事者善于拿捏分寸，各就其位，想长长久久地维持局面的样子。但这一切，似乎又极其虚幻，刘姥姥的出现搅乱了原有的规整秩序，带来些人间的活味儿。所以，曹雪芹本人是清醒的，刘姥姥是他下在大观园的一颗妙极了的棋子，不可或缺，无人可以取代。她成了大观园的某种救赎，也带有作者忏悔与反思的影子。

三、众人“笑”刘姥姥

（一）谁在笑

文本中的“笑”集中在第七段。那么，谁在笑呢？一一看下去。“众人先是发怔，后来一听，上上下下都哈哈大笑起来。”这句写一群人，极少例外地笑起来。“史湘云撑不住，一口饭都喷了出来”，即笑得喷饭。“林黛玉笑岔了气”，俗谓：“快笑死人了。”“宝玉早滚到贾母怀里”，更多的是以动作来传达。“贾母笑的搂着叫‘心肝’”，笑中带着年长者对晚辈的慈爱之情。“王夫人笑的用手指着凤姐儿，却说不出话来”，意味深长。“薛姨妈也掌不住，口里的茶喷了探春一裙子。”这就比史湘云喷饭更为夸张。“探春的茶碗都合在迎春身上。”这也是侧面写笑。“惜春离了坐位，拉着他奶母，叫‘揉一揉肠子’。”看来是笑疼了肠子。“地下无一个不弯腰屈背，也有躲出去蹲着笑去的，也有忍着笑上来替他姐妹换衣裳的。” 笑有千万种，你可以掩饰自己，也可以竭力表现出来。从以上片段看，在场的人几乎都在笑。直接点名写笑的有：史湘云、林黛玉、宝玉、贾母、王夫人、薛姨妈、探春、惜春。这些都是高贵端庄的人物，而且相关人物的形象关键字更多的“悲剧式”的，比如，泪、悲、求而不得、得而复失……

一揽子悲剧人物罕见地夸张大笑，这样的喜剧反应不是跟功名利禄有关，而是寄托在这样一个小人物身上，则刘姥姥的“救赎”意义再深一层。再联系《红楼梦》后文刘姥姥对大观园人真正的“救命之恩”，刘姥姥的出现就再不能简单地定位为逗趣的笑料了。

（二）谁没笑

笑是人类最寻常的表情之一。在一个特定的场合中，如果绝大部分人都在笑，个别人偏偏没笑，这就值得注意。第七段末句写道：“独有凤姐鸳鸯二人掌着，还只管让刘姥姥。”看来，上上下下，只有三个人没笑：凤姐、鸳鸯、刘姥姥。刘姥姥是表演者，只引发众人的笑，自己不笑，这就很高妙。凤姐与鸳鸯是幕后导演，她们不笑，毕竟她们预先就知道，就有心理准备。鸳鸯是贾母身边的得力丫鬟，明白贾母的心思。而凤姐，则工于心计，自然不轻易暴露出内心世界的信息。况且她们需要掌控全局，不能自己“乱了方寸”。贾府上下形形色色的人，其实都是戴着面具生活，确切而言，是演戏。只有一个外来客，一个局外人，原本无足轻重之辈，刘姥姥，她的身上真正体现了一个“真”字。她过来大“闹”一场，把沉闷压抑的贾府彻底激活，让大家感受到前所未有的新鲜感与欢快感。同时，她们的不笑，也可以看出世态的炎凉和人情的冷漠。为了博得贾母的欢心，竟然让一位七十多岁的老太出尽洋相，骨子里认定贵族与贫民就应该是这种愚弄与被愚弄的关系，这种不笑的冷淡与薄情，让人不寒而栗。

总之，大观园是一方特殊的天地，其间有雅与俗的碰撞，有让人啼笑皆非的场景，有耐人寻味的细节。一个小人物刘姥姥，起了至关重要的作用。我们看刘姥姥进大观园，看到了喜怒哀乐的人世，也看到了复杂多面的人性。

参考文献：

曹雪芹著，脂砚斋评.《周汝昌校订批点本石头记》[M].桂林：漓江出版社，2010.

（本文已发表在《教育研究与评论》，2020年第1期）

▶《老王》一文不能忽略的一个词：什么

“什么”一词在《老王》中一共出现了10次，实为罕见。同一篇文章，但在不同的语境中，“什么”的含义也是不尽相同的。

“什么”的义项如下：

1.表示疑问；2.虚指，表示不确定的事物； 3. 任指；4.表示惊讶或不满；5.表示责难；6.表示不同意对方说的话；7.用在几个并列成分前面，表示列举不尽。

一、透过“什么”看善良

毫无疑问，不管是老王，还是杨绛，都是善良之人。但二者之间的善良，又是有着明显区别的。

在文章的第二段这样写道：“有个哥哥，死了，有两个侄儿‘没出息’，此外就没什么亲人。”这句中的“什么”，应该选择“任指”义项，说明“所说的范围之内没有例外”，写出了老王无亲无故，孤苦伶仃，表达了杨绛对老王的同情，为后文写老王期待与杨绛一家建立亲情般的友情做铺垫，体现了杨绛的善良。第三段中这样写道：“乘客不愿坐他的车，怕他看不清，撞了什么。”这里的“什么”，是虚指，表示不确定的事物，这写出了老王的视力差，无法正常工作，同时也写出了大家对他的不信任，表达了杨绛对他境遇的同情，也体现了杨绛的善良。但在文章的第三段，有一句话这样写道：“有人说，这老光棍大约年轻时不老实，害了什么恶病，瞎掉了一只眼。”这个“什么”指不确定，是一种猜测。表明杨绛对老王的情况没有深入了解，可能在那个时代不便了解，体现了人与人之间是有隔阂的，是难以相互信任的。即使很好的亲戚和朋友，也存在反目的可能，这也可以看出杨绛的自我保护很严密。

反观老王的“善良”，就表现得明显不同了。例如，在送冰这件事情中，作者是这样写老王的：“有一年夏天，老王给我们楼下人家送冰，愿意给我们家带送，车费减半”，“每天清晨，老王抱冰上三楼，代我们放入冰箱”，“比他前任送的大一倍，冰价相等”。我们通过“带送”“每天清晨”“三楼”“代我们”“大一倍”“冰价相等”等词，可以看出老王的善良、勤劳、服务周全等朴实的优秀品质。

通过对这三个“什么”的分析比较，杨绛固然是善良的知识分子，但在“文革”期间，杨绛见多了“极左大娘”“临时工小刘”这样的底层劳动者，看到了他们人性扭曲的姿态，所以，面对老王，杨绛会有自然而然的警惕和不安，会不由自主地心存芥蒂和揣摩。这样的事实，对于杨绛而言是可以理解的。但对于老王而言，这种揣摩和提防，阻隔了他想和杨绛一家成为知心朋友的想法，辜负了老王的好意。

因此，透过“什么”一词，可以看出两种善良。二者其本质虽然相同，但其表达方式相差甚远，这跟二者的生活经历、文化背景和生活阶层相关。

二、透过“什么”谈反思

文中存在着两种反思，一是杨绛对自己的深刻反省，一是老王对这段关系中的自我认知。这两种反思，前者显，后者隐。因此，前者容易被人发现，后者容易被人忽视。

我们首先透过“什么”一词看杨绛的反思。

文章第七段这样写道：“他并没有力气运送什么货物。”这个“什么”也是“任指”，指一切事物。表现出杨绛对老王的同情与可怜，同时也有着和其他人一样的不信任。第七段最后还这样写道：“可是过些时老王病了，不知什么病，花钱吃了不知什么药，总不见好。”这里的两个“什么”表示虚指，不确定，体现了杨绛对老王关心不够。第十九段这样写道：“呀，他什么时候……”这里的“什么”，既表示疑问，同时也表示惊讶或激动，既有对老王离世的全然不知，也可以看出杨绛一家对老王的关心不够，体现了杨绛与老王的交往也是泛泛而已，与老王内心的期待相去甚远。第二十段中写道：“什么时候死的？就是到您那儿的第二天。”这里的“什么”也是表示疑问，表明时间无法确定，说明老王的离世没能引起多少人的关注，体现了众人对他的漠视，也写出了底层人的生活凄凉。文中最后一段这样写道："他还讲老王身上缠了多少尺全新的白布——因为老王是回民，埋在什么沟里。我也不懂，没多问。""什么"沟，这里是表示疑问，说明老李虽然讲得很清楚，但是杨绛并没有记清楚老王葬地的具体位置，这也体现了杨绛对老王生与死的不在意，或者是无暇在意。这些"什么"的出现，都无一例外地表明，老王对于当时的杨绛来说，无非是生命中一个交往得稍微久一点、频密一点的过客，这是杨绛在自我反思时最愧疚的地方。

这种微言大义式的反思，在文中很多地方都可以得到印证。例如，在追忆"送默存"事件中，当老王问杨绛"你还有钱吗"的时候，杨绛的回答是"我笑着说有钱"，这里的"笑"，意蕴是比较丰富的，首先是对老王的关心善意地回应，其次是微妙地居高临下。在这些谈话中，有些是直接引用，有些是转述。特别是那些直接引用的话，说明杨绛过了若干年之后，记忆犹新，这是她深刻反思的证明。我们再来看看在"送默存"事件中，作者"追忆"的一些交往细节。"我一定要给他钱。""他拿了钱却还不大放心。""钱"，在每次交往中，面对老王的关心和给予，杨绛的反馈方式主要是"钱"；"一定"，更强调了杨绛给予老王的情感反馈，主要是"钱"，一种可以衡量的物质反馈。但实际上，老王的付出，更希望得到的不是"钱"，所以"还不大放心"。为什么"不放心"？因为他知道杨绛一家也几乎没有什么收入了，他关心他们的苦处，想从情感上真心实意帮助杨绛一家。杨绛在《丙午丁未年纪事——乌云与金边》一文中写道："不料大会上群众愤怒地控诉我们种种罪行，并公布今后的待遇：一、不发工资，每月发生活费若干元；二、每天上班后，身上挂牌，牌上写明身份和自己招认并经群众审定的罪状；三、组成劳动队，行动听指挥，并由‘监管小组’监管。”通过这则材料我们不难看出，杨绛不仅受到人格羞辱、行动约束等伤害，还被停发了工资，可见她一家经济情况非常窘迫，老王显然也是知道这些情况的，所以主动说“不要钱”“你还有钱吗”，这体现了老王淳朴、体贴他人的特点。杨绛却用“钱”和老王的“情”做了等价交换，这即让多年后的杨绛感到“心上不安”。

其次，我们来看看老王的反思。老王对二者关系的清楚认知是在自己临死之前体现出来的。在第十三段中，当杨绛准备再次给老王钱的时候，老王说道：“我不是要钱。”老王这样的表达，简单，直接，同时真诚，也略带警惕。警惕什么？警惕杨绛用一贯的方法回馈他的来访和送礼，即给“钱”，所以，直截了当地表明了自己的想法。这也表明，淳朴厚道的老王也在交往的过程中意识到了，自己和杨绛一家关系的纽带中，“钱”的成分多于“情”的成分，这是老王最难受的地方，所以，最后他“滞笨”地转过身子，落寞地走了，最后孤独地离开了人世。

三、透过“什么”解“愧怍”

相比较而言，文章最末尾的那句“但不知为什么，每想起老王，总觉得心上不安”中的“什么”一词，是最饱含作者愧怍之意的表达了。这里的“什么”表示虚指，不确定，体现了杨绛试图寻找原因，但又无从知晓，于是用表示虚指的“什么”涵盖了这一切，以一个整体的错误来呈现。后来随着老王的离世，这些不可认的错，只能成为作者无法自我控制的长时间的反思与愧疚了，这就是“愧怍”。

“送香油、鸡蛋”是作者写“愧怍”最为用心的一件事了，也是作者反思最为彻底的一段文字。文章第十一段这样写道：“我强笑说：‘老王，这么新鲜的大鸡蛋，都给我们吃？’”“强笑”一词，既写出了对老王的感谢，同时也写出了自己因老王的样子而害怕，后文有直接的心理描写印证；“都”字，问得奇怪，试想老王都已经把鸡蛋提来了，不全给杨绛一家吃，难不成还提回去？！这个“强笑”也表明了杨绛试图在很多虚指的事件中，回忆一些具体画面和行为，来反省自己人性中的劣根一面。

反思一旦触及了具体人物、画面或细节，就会显得特别深刻和有意义。

例如，在最后的“送别”阶段，杨绛有特别细腻的叙述。老王“一手拿着布，一手攥着钱，滞笨地转过身子”走了，没有说话，没有回头，杨绛“站在楼梯口，看他一级一级下楼去，直担心他半楼梯摔倒”。值得注意的是，即使杨绛“直担心”，但也只是“站在楼梯口”目送。“等到听不见脚步声，我回屋才感到抱歉，没请他坐坐喝口茶水。”这里的“才感到抱歉”一词告诉我们，自此之前，杨绛是没有“抱歉”心理的。为什么会这样坦然？应该是付“钱”的做法让杨绛觉得内心安然吧。杨绛最后还写道：“我是不能想象他是怎么回家的。”“不能想象”，其实也是不敢想象，因为老王离开的样子太可怖，太凄惨。同时杨绛也真的“没有想象”，也没有过问，因为“过了十多天”，她

"碰见老王同院的老李"才问起，相比老王垂死挣扎着跟杨绛一家送礼、告别来看，杨绛一家就显得有点冷漠和寡情了。

杨绛在《控诉大会》一文中写道："虽然是一番屈辱，却是好一番锤炼，当时，我火气退去，就活像一头被车轮碾伤的小动物，血肉模糊的创口不是一下子就能愈合的。"这种来自阶层孤立的痛楚，让杨绛感同身受，这或许唤起了自己对更底层人——老王所作所为的一种深刻反省，这应该是杨绛"愧怍"的直接导火索。这些让自己"愧怍"的点滴事件，杨绛都蕴含在"什么"一词里，透过"为什么"这样的追问和反思，来深省那段岁月中的人和事。

总之，《老王》一文，以小见大，寓意深刻。全文出现的10个"什么"，尽管词义不尽相同，但蕴含的意义基本一致，那就是体现了杨绛对老王的同情和歉意，同时也是对自己的反省与自责，这是一位知识分子有别于普通人的自我反思，同时也是一位有良知、有责任感的知识分子的社会姿态和时代义务。因为知识分子，肩负着唤醒大众、身先士卒的历史使命，杨绛无疑是这个族群的榜样。

参考文献:

[1] 杨绛. 丙午丁未年纪事[M]. 上海：人民文学出版社，2009.

[2] 杨绛. 杨绛散文[M]. 杭州：浙江文艺出版社，1994.

（本文已发表在《中学语文教学参考》，2021年第2期）

▶ 从中观和微观两个角度读《岳阳楼记》

《岳阳楼记》是千古奇文。北宋范仲淹受好友滕子京之托，为新修缮的岳阳楼撰文留记而得。在这篇文章中，前两段是介绍写记的缘由，描写洞庭湖宏伟景象。第三、第四段则是写洞庭湖在不同季节和早晚的景色，以及迁客骚人因景而发的“览物之情”，最后一段写的是作者的个人理想和政治抱负。其中最耐读的应该是第三、第四段。

我们先来看看原文：

> 若夫淫雨霏霏，连月不开，阴风怒号，浊浪排空；日星隐曜，山岳潜形；商旅不行，樯倾楫摧；薄暮冥冥，虎啸猿啼。登斯楼也，则有去国怀乡，忧谗畏讥，满目萧然，感极而悲者矣。
>
> 至若春和景明，波澜不惊，上下天光，一碧万顷；沙鸥翔集，锦鳞游泳；岸芷汀兰，郁郁青青。而或长烟一

空，皓月千里，浮光跃金，静影沉璧，渔歌互答，此乐何极！登斯楼也，则有心旷神怡，宠辱偕忘，把酒临风，其喜洋洋者矣。

一、从中观角度赏析

（一）骈句铺排，气势恢宏

在这两个文段中，骈句是一大特色。四字成句，层层叠叠，读起来朗朗上口，一气呵成。如“淫雨霏霏，连月不开，阴风怒号，浊浪排空，日星隐曜，山岳潜形，商旅不行，樯倾楫摧，薄暮冥冥，虎啸猿啼……”，再如“春和景明，波澜不惊，上下天光，一碧万顷，沙鸥翔集，锦鳞游泳，岸芷汀兰，郁郁青青，而或长烟一空，皓月千里，浮光跃金，静影沉璧，渔歌互答，此乐何极……”这样的句子应该整理出来，叠成诗行，用不同的方式读，读出排比的气势，读出对偶的韵致。可以先慢慢读，再不断加速读，直至一气呵成，熟读成诵。不管是慢读还是快读，皆能在词句之间感受其大气象、大胸怀。

（二）散句抒情，悠然闲适

骈句固然读得有味，但一味用骈句，必然会呆板无趣。散文大家都是节奏的高手，当骈句铺陈到一定的火候后，会马上收藏笔锋，急转散句，让奔腾向前的气势洪流，突然变得舒缓流畅。为什么这样写呢？写景，骈句铺陈，画面一帧帧呈现，让人有应接不暇之感，于是会产生流动画面，会让人有身临其境之感。散句，即使其间穿插几处对偶，但其还是散文之势，为何这样写？这是因为抒情需要。如“登斯楼也，则有心旷神怡，宠辱偕忘，把酒临风，其喜洋洋者矣”，情之所至，喷涌而出，但需变换节奏，缓缓道出。因此，此段教学，应该在急、缓之间，指导学生感受和体验，让其感受节奏对于行文的重要性。

（三）情景交融，字字有情

寓情于景，情景交融，这是众多写景抒情散文里常见的表现手法。但是，集大成的作家，往往在其炼字方面非常讲究。在第三段中，含情之字比比皆是。第三段抒发的是“迁客骚人”的“悲”之情，因此，文段中，景景写“悲”，字字含“悲”。例如“淫”字，其本意有“过多，过甚”之意，在《说文·水部》有注：“淫，一日久雨为淫。”指雨量过度。大家都会有这样的生活体验，久雨不晴，心情抑郁。古人借这样的雨写愁情的很多，例如，李煜在《乌夜啼·昨夜风兼雨》中写道：“昨夜风兼雨，帘帏飒飒秋声。”听雨让人心烦。李清照在《声声慢·寻寻觅觅》中更是直接抒发悲愁之情：“梧桐更兼细雨，到黄昏，点点滴滴，这次第，怎一个愁字了得？”在第三段中，雨是“悲”的情感凝聚物，而“淫”“连”“不开”等修饰语，都是借“雨”写悲的程度，这是何其之妙！我们再看“风”，用“阴”修饰，让人必然联想到阴暗、阴晦、阴冷、阴沉、阴郁等词，心生凄凉。“怒号”，这是怡情之笔，看似风在“号”，实则“迁客骚人”在怒号，在发泄。“浊浪”“隐曜”“潜形”“倾”“摧”“冥冥”“啸”“啼”……无一例外，都是极“悲”之字。与之相对的是，一旦写到迁客骚人之“喜”的时候，选字炼字就大不相同了。例如，“上下天光，一碧万顷”，这是何等的通畅与纯净啊，内心没有任何坏情绪，一切归“一”。因“喜”，意象选择发生了变化，如“浊浪”变成了“波澜”，“虎”“猿”变成了“沙鸥”“锦鳞”等。修饰语更加大气，或者更加灵动，一派生机勃勃之感。其中，作者连续两次使用“一”，不避重复之嫌，说明是故意而为之。“一”，此乃天人合一也。这两个自然段，字字珠玑，都值得推敲，都值得玩味，在学习的时候，何不让学生放开手脚，徜徉其间，恣意体验和涵泳呢！

（四）对比并举，对称和谐

这两段文字的对比，与一般的对比还是有些不同的。这里的对比可以分为“外对”和“内对”。外对，比较明显，“悲”“喜”相对，“晨”“昏”相对，“阴”“晴”相对，等等。值得玩味的是，“内对”，即句中相对，意中相对。例如，前面讲到的“淫雨霏霏”对“春和景明”，“浊浪”对“波澜”，“阴风怒号”对“一碧万顷”，“日星隐曜”对“皓月千里”，“薄暮冥冥”对“静影沉璧”，“虎啸猿啼”对“沙鸥翔集”“锦鳞游泳”，“山岳潜行，商旅不行”对“岸芷汀兰，郁郁青青”……在艺术创作中，对比起着非常重要的作用，有对比就必然有变化，变化是对比在艺术创作中产生的效果，对比、变化与调和、统一互为辩证，是和谐的统一。如果究其纹理，我们还可以发现文段中有空间的对比，如“日星隐曜，山岳潜形”与“上下天光，一碧万顷”的对比；有大小的对比，如“薄暮冥冥，虎啸猿啼”和“沙鸥翔集，锦鳞游泳”的对比；如曲直的对比，如“樯倾楫摧”与“长烟一空”的对比；有阴暗的对比，如“日星隐曜”与“皓月千里”的对比；有方向的对比，如“岸芷汀兰，郁郁青青”与“樯倾楫摧”的对比，因为水中兰草，根根直立，是直线之美，而“樯倾楫摧”是折线之美，所以，构成了对比。因此，这两个段落，实际上也是从美术的角度来构思的，具有绘画之趣。

其实，当年范仲淹并没有到岳阳楼欣赏洞庭湖的美景，他对岳阳楼和洞庭湖的了解，源于滕子京让人送来的《洞庭晚秋图》和前代名家有关洞庭湖和岳阳楼的诗文。从某种意义上来讲，此文源于作者的想象。因此，在学习的时候，我们也可以让学生讨论想象的精彩和想象的不合理。如：哪句想象很唯美？哪句想象很离奇？

二、从微观角度赏析

（一）叠词之美，音韵轻柔，画面浮现

叠词，可以增加语言的音韵感，读起来富有音乐美。叠词不是简单的重复，它的恰当使用，可以和谐音律，丰富所要表达的内容，增强表达的艺术效果，给人以美好的享受。譬如“淫雨霏霏”中的“霏霏”，“霏”字的本义是“飞扬”的意思，而“霏霏”指浓密盛多，腾起飞扬的意思。这样一来，对雨的描写便更加准确与形象了。再如“薄暮冥冥”的“冥冥”，形容暮色昏暗；“郁郁青青”，指香气馥郁、青葱繁茂，一派生机勃勃的景象，等等。这些叠词，加深了程度，呈现出了画面，而且音律谐

美，正所谓文质并重。

（二）修饰精准，动词生趣，相得益彰

对描写事物的精准修饰，可以让描写对象的特征更加准确和鲜明。在这两段中，作者对景物的修饰是非常精准的，用词炼字也是极其讲究的。例如，“淫”字写出了雨之细、之密、之稠；“浊”字写出了浪之浑，也写出了浪之大、风之劲，否则不会搅动湖底泥沙；再如“长”字，写出了雾气弥漫，覆盖范围之广……这样的修饰意蕴丰富。在对景物的描写中，动词的使用也是精彩连连。例如第三段中，“不开”写出了恶劣天气旷日持久，“怒号”写出了大浪的凄厉与恐怖，“隐曜”“潜行”写出了日光的昏暗阴晦，“啸”和“啼”则写出了凄凉与悲哀……第四段中的“不惊”，写出了洞庭湖风平浪静，“翔集”“游泳”写出了动物们的欢畅与愉悦……这样一动一静，动静结合，妙趣横生。

（三）以人衬景，以景写情，浑然一体

在这两段景物描写中，描写景中之人的句子不是特别多，但却写得非常有韵味。其中最为精彩的则是“静影沉璧，渔歌互答”，这里的写人，实际上是写景，是将人当作湖中之景来写的。渔歌，本指打鱼人唱的歌，但因为常常在文学作品出现，便慢慢成为一种文学意象了，其意蕴非常丰富。例如，王勃在《上巳浮江宴序》中写道：“榜讴齐引，渔歌互起。”清人秦蕙田在《燕子矶》中写道：“帆影悬残照，渔歌入暮烟。”因此，当这些带着丰富意蕴的文学意象一出来，自然就会让读者联想，审美

愉悦就必然产生了。写人是写景，写景是抒情，“一切景语皆情语”，本文人景合一，情景交融，浑然一体。

（四）悲则远眺，喜则近观，变化不一

细读第三、第四段，作者在写“悲”和“喜”两种不同情感的时候，观察景物的角度是有所不同的。在写“悲伤”的时候，作者更多的是远眺，写远处的景物，写宏大的场面。例如，“淫雨，阴风，浊浪，日星，山岳，薄暮，虎啸猿啼”；而写“喜悦”之情时，则更多选择近景来描写，如“波澜，沙鸥，锦鳞，岸芷，汀兰，浮光，跃金，静影”，观察之细，体察之微，都在字里行间。人的情绪对观察是有影响的，情绪的好坏会影响观察者对事物的选择，也会影响观察者的注意力和聚焦点。因此，迁客骚人在欣赏洞庭之景的时候，观景的角度、观景的方式、所观的景物，都因自己情绪的不同，也大多不同。

（五）色泽声响，形态举止，因情而异

情绪不同，所观事物的色泽和形态也是迥异的。例如，在第三段写“悲”情时，作者使用的多为冷色调和中性色调，如“浊浪”的灰，“日星隐曜”“山岳潜形”“薄暮冥冥”的黑等，这些颜色都会让人心情沉重和压抑。但是等到“春和景明”之时，颜色便丰富起来，即使一些颜色属于冷色系，但它们丰富了画面，让洞庭湖呈现出一派色彩斑斓的景象。譬如，“上下天光”的银色，“一碧万顷”的深绿，“沙鸥”的白与灰，“锦鳞”的红与黄，“岸芷”“汀兰”的葱绿，“皓月”的白色，“浮光”的

金色……真是五彩斑斓，美不胜收。另外，在不同心情的影响下，眼中景物的姿态也不尽相同。不说其他，单举“沙鸥翔集，锦鳞游泳”就足以证明，鸟儿们飞飞停停，起起落落，时而展翅翱翔，时而低头沉思；鱼儿们“俶尔远逝，往来翕忽”，时而摆尾前行，时而掉头洄游，趣味横生。这些可以联想画面，皆出自“翔集”和“游泳”。这真是简单四字，写出了事物的千姿百态。

（六）并列轻快，主谓偏正，前紧后松

短语的结构也是可以了解的。但这里的短语结构的学习，不仅仅是语法层面的学习，或者说不仅要从语法层面去学习，更多的是要从朗读教学角度去思考。在这两段文字中，主要的短语结构类型是并列短语和主谓短语。并列短语，我们一般是二二节奏，读起来对称轻快，如“春和—景明”“郁郁—青青”。但主谓短语的读法就不太一样了，被陈述对象要读得稍紧稍快，如“淫雨”“浊浪”“日星”等。而陈述部分，却要读得缓慢绵长。如“霏——霏——”“排——空——”“隐——曜——”。主谓短语的读法连起来可以这样图示，如“皓月——千——里——，浮光——跃——金——”。这样朗读，不仅可以读出文言的味道，还可以对短语的结构认知有新的视角，有新的理解。当然，文中除了上述两种短语类型外，还有其他类型，如偏正短语，如“连月不开”等，我们也应该从文本的主要特征开展合理的教学。当然，关于朗读的教学，最主要还是要基于文本内容和作者情感的思考。

总之，一个文本，只有读出味道了，才能教出味道，学生才能学出味道，用出味道。

▶ 最醉人处是匠心

——探寻《醉翁亭记》言语形式的特殊性

李海林老师曾在《言语教学论》一书中，高度肯定了“言语形式”的重要性，他认为“语文教学的核心要旨就是语感形成，而语感的对象首先是言语形式，言语形式是语感之门，语感就是通过这扇门达于对言语内容的直觉同化”。言语作品正是通过言语形式展现出来的，对言语作品的深味离不开对言语形式的深挖，从而获得语感。那么，何为“言语形式”？他在书中做了这样的界定，即指言语活动的方式，或者可以说，是语言与语境相结合的方式。言语形式的内涵是语言内容、语言形式与言语活动中的语境结合后，所产生的言语行为的方式和方法。因此，聚焦言语形式，引领学生在言语实践中感受特殊的言语形式，是语文教学的重点。

在阅读教学中，教师的文本解读过程，应该是根据作者所言说的“言语对象”，窥探其特殊的言语形式，而不仅仅是就其言说对象来感知“言语内容”。因此，我们要学会从不同的言语作品中，分析作者不同的言语行为背后所采用的特殊方法。《醉翁亭记》是北宋文坛泰斗欧阳修的代表作之一，也是流传千古的经典散文名作。本文除了主题鲜明，其特殊的言语形式也是非常丰富的。如何发掘这些言语形式背后的言语意图，并指导言语实践，值得探究。

一、特殊的用词，因人而定

“语言有温度，字词知冷暖”，与文本对话，反复揣摩文本特殊的言语形式，尤其是特殊的用词，在字里行间漫溯，可通达其背后的言语意图，获得更多的浸润生成。

北宋文豪欧阳修被贬滁州后寄情山水，《醉翁亭记》中所描绘的山川之美令人惊叹。文中第二段写了山间之朝暮的景色，从早晚的变化写到四季的变化，气象宏伟，笔调洗练，这源于欧阳修的独具匠心，对于字词的灵心善用。景物描写的第一任务是选择描写点。描写点越丰富，景物描写就越饱满；描写点越精当，景物特点就越突出；描写点越特殊，景物描写就越有趣。他巧妙地兼具了以上三个选点要旨，物象词罗列铺排，景致丰富，浓墨重彩。例如，就描写点丰富而言，他选择了山中“日、霏、云、岩、野芳、佳木、风、霜、水、石”，使山中全景尽显，且是一幅全时段的全息画卷。如此山景，自然怡人，怎能不“得之心而寓之酒也”呢？

文中的动词是一大亮点。第三段中，欧阳修善用动词，写出了人的情态，写出了人的生活，写出了人的情趣。例如，

"歌"字，唱出的是人们生活的情致，体现人们的闲适与欢畅。"呼""应"表现的是人与人之间的和睦共处。"前陈"，则透着一种自由散漫和无拘无束。还有"提携""往来""渔""酿"等，说明这里生活富足，民风淳朴，人们和太守之间情同手足、亲密无间，从而也侧面证明了太守治理有方，深受老百姓爱戴。

此外，《醉翁亭记》中还使用了大量的虚词。"构文之道，不过实字虚字两端。实字其体骨，而虚字其性情也。"（刘淇语）"因声求气"，虚词是传递作者细微情感与言外之意的关键字眼。如"而"字，音短而意浅，它除了表示语义的顺承和转接，在写景时使用还有特别的用意。第二段中就连用"而"，写出了时间转换之迅疾。"日出而林霏开"中的"而"，点出了太阳出来后，林间晨雾消散得很快，就像镜头转换一样，一闪而过。这样的描写，一句句连出，就像电影里的画面，一帧帧放映，流畅而漂亮。虚词衬实情，妙不可言。最后一段中"而不知太守之乐其乐也"，"而"的转折又何其精妙！它使文意由浅层铺排走向纵深，让文章的立意一下子立体起来。太守"乐"啥呢？作者欧阳修没有直接回答，而是留了一白，让读者去想。于是一个人的思考，就变成了千千万万个读者的思考，文章的张力也得到了无限扩大。他虽然没有正面回答为何而"乐"，但呈现了"乐"的方式，即"醉能同其乐，醒能述以文"，这让我们看到了一个博通达观、心系黎民、与民同乐的政治家和文学家形象。这一隐一显，文趣便显现出来了。

文中最后一段写的是人鸟同归的山间趣景，一派祥和，在看似朴实的言语表达中间，潜藏着深刻的寓意。细究下来，得益于“已而”这一副词恰到好处的运用。“已而夕阳在山，人影散乱，太守归而宾客从也。”“已而”有三层意思，一是不久，后来；二是罢了，算了；三是时而。在此语境中，显然选第一种较合适。但隐隐之中，也可以读出“罢了，算了”的微痛感，因为作者毕竟是被贬谪之人啊！看到眼前的盛景，无法不勾连起自己身后现实的不幸。

二、特殊的句式，缘情而变

句式的建构往往与文章内在的意蕴相勾连，是作者情绪的外化，表达了作者的写作意图。文本中特殊的句式皆有其妙用，应细细研磨。

《醉翁亭记》开篇即介绍醉翁亭位置、形态以及建造者的相关信息，内容极为琐碎，欧阳修却写得精彩且有条理、有层次。这是因为他巧妙地运用了一个非常独特的抓手，即“……者……也”的句式，将烦冗、寡淡的介绍写得有滋有味。“者”之前是描写和叙述；“也”之前是对概念的判断。也就是说，读好“者”字，即可读好景句和情句；读好“也”字，即可读清作者行文的思路，读出文章结构。面对这样有着明显特征的特殊句式，教学中的言语行为、言语体验——朗读，也应该随之发生改变。例如，“者”字句应读得舒缓、延绵，“也”字句则铿锵有力，更显余味无穷。此外，“……者……也”的句式在表达形式上也是有区别的。例如，本段最后两句“醉翁之意不在酒，在乎山水之间也。山水之乐，得之心而寓之酒也”的形式与前几句就不同，这是因为言语对象或言语内容发生转变。这两句是作者在通过抒发感情来表达自己的观点。因此，在言语实践的过程中，它们不仅在读法上应有别于前面的语句，我们还要将其记诵，以此作为理解下面语段内容的纲领。

对称，是这篇文章的主要言语特色之一，它往往通过对偶和排比修辞来达成，读起来朗朗上口。例如，“负者歌于途，行者休于树，前者呼，后者应”，再如“临溪而渔，溪深而鱼肥。酿泉为酒，泉香而酒洌；山肴野蔌，杂然而前陈”，等等，句式齐整，韵律有致，余味无穷。但如果一段文字全是对偶、排比，就会显得单调重复，简单无味。《醉翁亭记》是一篇散文，它在言语形式上是自由的，因而句式也是随情而生，缘情而变的。情绪激昂时，用骈句；情绪舒缓时，用散句，从而长短交替，错落有致。像第三段中的每一层内容都是用这样的句式呈现的，如“宴酣之乐，非丝非竹，射者中，弈者胜，觥筹交错，起坐而喧哗者，众宾欢也”。

全文最后一句极为精彩：“太守谓谁？庐陵欧阳修也。”作者极富智慧与情韵，选择了设问修辞，自问自答，豪气冲天，颇为自得。尤其是，很少有人会在正文中大声称呼自己的名字。这样写不仅仅是揭示谜底，让文章结构浑然一体，更重要的是，真名的出现，展现了欧阳修的自信、自尊与自爱。作为一名北宋高级政治官员、文坛泰斗，在惨遭贬谪的境遇中仍能保有这样的达观与豪爽，是值得我们敬佩的。

三、特殊的写法，顺意而动

关注文本特殊的言语形式，也是对文章精巧的谋篇布局、特殊的写作手法的涵泳。引导学生走进文本，学习表情达意的方式方法，最终将言语形式为我所用，付诸言语实践。

动静交错写景，本是很多文章中常见的写法，但是《醉翁亭记》第二段写景时采用的动静写法则是比较特殊的。它是以动写静，把本来静止的景物，写出了动态之感。例如，“日出”，太阳本是静物，但放在一个相对的时段里，它又在慢慢地升起。再如，“林霏开”，林中的雾气本来氤氲不动，但太阳一出，它害怕似的，一下躲开了。这样的描写比比皆是，诸如“云归”“野芳发”“佳木秀”“水落”“石出”……言语形式的灵活呈现，让人一下子就感受到了山间的奇异多变和更替轮回，写出了山景的自然之美。

文中描绘的太守自画像，更是把动静相宜用到极致。这是很有意思的行为艺术，让人不禁联想到《红楼梦》中史湘云醉枕花瓣、梦说酒令的娇憨之态。上一句“射者中，弈者胜，觥筹交错，起坐而喧哗者，众宾欢也”，动态描摹，神色具备，好一派热热闹闹；下一句则是“苍颜白发，颓然乎其间者，太守醉也”，形容词润色，又一派静谧痴憨。“苍”“白”，尽显沉静之色，既写太守之苍老，也写太守之闲定。“颓然”，是醉态，也作享受状。这一动一静，相映成趣，文本意脉起伏波动，富于节奏变化。

文章的层次是作者行文的思路，思路越清晰，层次越分明，文章内部滋养的意脉便越能流动在这些特殊的行文安排里。《醉翁亭记》第二段除了按照一年四季、一日早晚等时间变化来安排写作顺序，还运用了分总的层次结构，让人读起来既上口，也易懂，灵动的结构中不乏井然有序。而文章结尾段则潜隐着三层对话，层层推进，达至高潮。第一层是与禽鸟对话，读懂自然之乐，感受大自然馈赠的美好。“树林阴翳，鸣声上下”，看是写鸟，实则写人，写谁？写自己。第二层是与他人对话，读懂社会之乐。“人从太守游而乐”，反映出太守治理下的社会人心团结，人际关系和谐，大家对太守的亲近与爱戴。第三层则是与自己对话，读懂内心之乐。“太守之乐其乐也”，酒不醉人人自醉，与自己内心的直接对话才是对话的最高境界。

语感的形成是每个人的语言心电图式，是在外界特殊的言语形式不断激活下，自动分解和重组的过程。因此，特殊的言语形式，对一个人语感的形成非常重要。而语文的学习，从某种意义上来说，就是习得语感。对文本特殊的言语形式的深入挖掘和感受体验，应是语文教学的重中之重。

任何鲜活的言语作品都有其特殊的言语形式，《醉翁亭记》中言语形式的特殊性只是冰山一角。真正读懂文本、读透文本，关键在于我们能在文本解读时，着眼于发掘特殊的言语形式，着重于其背后的言语意图，着力于进行言语实践，引导学生走进言语精微细致处，习得语感，修得言语发展力，真正提升对文学作品的阅读能力。

参考文献：

李海林.言语教学论[M].上海：上海教育出版社，2007.

（本文已发表在《教育研究与评论》，2019年第3期）

▶ “母亲”的三处语言藏密码

——从语言描写角度解读《秋天的怀念》

《秋天的怀念》一文的感人之处，在于史铁生独特的言说形式。很多人读这篇文章，都把“母亲”作为重要的言说对象予以分析，从而感受母亲的爱和伟大。私以为，这样分析和理解，固然没有问题，但如果把这样的分析与理解作为学生学习此文的最终所得的话，是有一些问题的。

散文，是作者通过自己独特的言语形式，表达自己独特的情感。也就是说，在散文中，作者在言说其他的时候，实际上就是在言说自己。而且，言说自己，是关键所在。因此，这篇文章，与其说是因为母亲关爱儿子而感动了读者，还不如说是儿子对母亲的理解而感动了读者。

而文中关于母亲的三处语言描写，藏着解开作者独特思想情感的“密码”。以下是三处语言描写的原文：

第一处语言描写：

“听说北海的花儿都开了，我推着你去走走。”……母亲扑过来抓住我的手，忍住哭声说：“咱娘儿俩在一块儿，好好儿活，好好儿活……”

第二处语言描写：

母亲进来了，挡在窗前：“北海的菊花开了，我推着你去看看吧。”……她忽然不说了。对于“跑”和“踩”一类的字眼，她比我还敏感。她又悄悄地出去了。

第三处语言描写：

别人告诉我，她昏迷前的最后一句话是：“我那个有病的儿子和我那个还未成年的女儿……”

一、句子数量变化彰显情感的压抑与释放

母亲在文中说的第一句话：“北海的菊花开了，我推着你去看看吧。”这句话只有前后两部分，说明母亲的话不多。母亲的话为什么不多，是因为母亲不敢说，她在压抑着自己。可是在《合欢树》里，母亲却是另外一番景象——她是一个和“我”无话不说的人：

十岁那年，我在一次作文比赛中得了第一。母亲那时候还年轻，急着跟我说她自己，说她小时候的作文作得还要好，老师甚至不相信那么好的文章会是她写的。“老师找到家来问，是不是家里的大人帮了忙。我那时可能还不到十岁呢。”

这时的母亲，健谈，有青春朝气，无所顾忌，和孩子打成一片。但自从“我”瘫痪后，母亲也因“我”的改变而改变了。母亲的改变，在当时，“我”无法察觉，不理解，但现在察觉了，理解了，于是陷入深深的自责与愧疚之中。因此这些地方，不仅仅是写母亲的隐忍和痛苦，更写出了作者自己的内疚和自责。在第一处关于母亲的语言描写中，一共只有五个短句，其中还有两句是重复，可见母亲是克制到了极致，同时也折射出作者愧疚到了极致。这样一对母子，其情之深切，令人动容。

接着看第二处关于母亲的语言描写，一共写了12个短句。从数量上，我们可以明显感觉到母亲的克制减轻，情绪得到了舒缓，于是打开了话匣子。如果仔细阅读，我们又会看到这12个短句也是慢慢延展的。刚开始也是两句：“北海的菊花开了，我推着你去看看吧。”这说明，母亲和儿子的这一次对话，起初也是非常克制和压抑的。当得到儿子不一样的回应后，母亲的回应还是两句话：“你要是愿意，就明天？”这说明母亲还在试探和克制。直到儿子完全答应后，母亲才彻底解除克制，近乎放飞自我一样，连续说了八个短句，直到说到“一脚踩扁一个”才又紧张地停止，重新回归克制和懊悔。从浅层次看，我们眼前看到的形象往往都是母亲，是母亲内心的纠结和煎熬，是母亲情绪的忽紧忽松。其实，如果我们再往深里想一层，想那位如此写母亲的作者，他在回忆母亲这些场景的时候，他在呈现写母亲的这些文字的时候，我们是否也能感受到作者的自我忏悔呢？是否能感受到作者的原罪觉醒呢？是否感觉到作者想通过自我的深刻反省来实现自我救赎呢？私以为，读到作者层面，才算读懂了文字背后真正的意蕴。

最后看第三处，“我那个有病的儿子和我那个还未成年的女儿……”

只有一句话。这个一句话的“一”，既代表着唯一，也代表着终结。这是母亲一生中最重要的一句话，同时也是母亲一生中最后的一句话。这句话，被作者独立成段地写出来，既体现了母亲对儿女的不舍和体现母亲的伟大，同时也可以看出作者对这句话的深刻领会和沉重的感恩。字面上看到的是母亲的伟大，文字背后看到的却是儿子对母亲的无比眷念和愧疚。

由此可见，句子数量的变化，暗示着母亲情感的压抑与释放，作者精心选择这三处语言描写，是为了表达自己内心深处对母亲的理解眷念和自己的无尽忏悔。

二、句子长短变化彰显抒情的理性与感性

句子的长短，是可以反映作者的情绪的。一般的情况下，短句的抒情趋于感性，长句的抒情趋于理性。但有些时候，这种规律也会被打破。

我们看第一处中的这句话：“咱娘儿俩在一块儿，好好儿活，好好儿活……”这几句话句子不长，且长短基本一致，而且其中有两句还重复。重复，一是为了强调母亲只愿活着就好，二是因为除了反复强调“好好儿活”之外，母亲也不敢再说任何话。短句表达，也正是因为母亲不愿、也不敢多说，才一而再地克制。作者在写这样的句子的时候，一定能亲身感受到母亲“如鲠在喉”的那种痛楚，这是作者对母亲深度理解的一种体现。

接着再看第二处中的母亲说的那句话：“看完菊花，咱们就去‘仿膳’，你小时候最爱吃那儿的豌豆黄儿。还记得那回我带你去北海吗？你偏说那杨树花是毛毛虫，跑着，一脚踩扁一个……”这句话的内容很丰富，有长句，有短句，跳跃性和节奏感都很强。读这句话，不用看文义，单从音韵上就能感受到母亲的兴奋和放松。这是母亲难得的情绪释放，同时也是作者用文字帮母亲解压。私以为，母亲语言的跳跃，是作者让其跳跃，是作者让其放松，是作者让母亲快乐，是作者含着哀情，写出了母亲的乐景。这是典型的“以乐景写哀情”。明末清初思想家王夫之在《姜斋诗话》中谈道：“以乐景写哀，以哀景写乐，一倍增其哀乐。”说明作者在悲哀的情绪下写出当时的欢乐场景，可以增强悲剧性的艺术感染力。

第三处，“我那个有病的儿子和我那个还未成年的女儿……”

这是一个长长的句子，且是一个独立的长句。这个长句，就像一条生命之河，一往无前，不曾停歇。即使走到了尽头，还能在句子的末端，感受到母亲的勉强呼吸和残喘。这个长句，茕茕孑立，形影孤单，就像母亲孤独的生命，隐忍地过活，悲痛地离去。因此，看似是一个句子，实则是一个生命。作者用这样的句子表达母亲最后的奋力说话的情景，其实是作者自己的长痛与大哀。这里还涉及回忆性散文中双重叙述视角——两个“我”，一个是当时的“我”，一个是现在写下这篇文章的“我”，二者是截然不同的。孙琪曾论述过：“可以想象，‘现在的我’在无数次地回忆‘看花’往事时，必然会夹带上对母亲当时境况的对应回想……当时的‘我’虽已瘫痪但毕竟还能活下去，而当时的母亲已病入膏肓……不难想见，在母亲离世后的很长一段时间，作者定是在没完没了的回忆和比较中痛苦度日，他越比较越愧疚，越愧疚越想念……”这里的长句，包含着“现在的我”对母亲当时境况的回忆、反思和忏悔。

因此，句子的长短，是作者情绪的温度计，计量着作者情绪的变化。细读这些看似普通的句子，更能感受到作者觉醒后，对母亲的大爱和对生命的珍视。

三、标点符号变化彰显作者的自昧与自觉

首先谈谈省略号。

文学作品中的省略号，不管是出现的位置，还是出现的次数，大都是作者的刻意安排。作者用小说的笔法，用三个场景讲述三个小故事，构成类似小说情节一样的叙事，节奏非常紧凑。为了避免描述的烦冗，作者有意克制，这是散文的独特要求。因为如果描述过于丰富，便会凸显人物形象，也就是凸显母亲的角

色，但这与散文中抒发作者自己“独特的情感”相违背。因此，作者借助省略号来进行克制性的描述。

第一处，“咱娘儿俩在一块儿，好好儿活，好好儿活……”这处省略号的运用，表现出母亲有太多话想说，但无从表达，同时也好像是“好好儿活”一句的无限循环小数点，让母亲这种强烈的生的意志，得到不断循环与强调；第二处，“你偏说那杨树花是毛毛虫，跑着，一脚踩扁一个……”这句是母亲发觉自己说错话后的戛然而止，是母亲的“乐极生悲”，这说明母亲的所有放松，都是紧张和压抑中的一些小罅隙，可爱又可怜；最后一个省略号，则是生命的绝唱，是母亲对两个子女的不放心，是母亲的舍弃不下。是情欲留，而命不许，这是人世间最大的悲楚。仔细读来，省略号虽然省去了母亲的话，但作者已经把这些话全然补充了出来，呈现的形式就是这篇完整的《秋天的怀念》。这是一种大我和小我的隶属和包含，是大主题和小主题的隶属和包含。总而言之，省略号，省去了母亲的话语，却浮现了儿子的彻悟，是作者自昧后的一种自觉。

其次是感叹号、逗号和问号。儿子语言中存在众多的感叹号，母亲的语言中则更多是逗号和问号。逗号，表明母亲想把句子拆散了来说，说清楚，说轻声；问号，基本都是无疑而问，看似商量，实为讨好。作者在安排标点符号的时候，一定是刻意这样安排，将儿子的形象与母亲的形象，通过标点符号展开对照，让我们看到了儿子的暴躁和无礼的自昧，同时也看到母亲的体贴与隐忍。作者用小至标点符号的言语形式，剖析自己，反思自己，这真是一种灵魂的拷问，是把自己置于完全否定之后的自我救赎，同时也是作者基于自己的生命体验，对人性展开的一种透析，最后达成了生命的自觉。

母亲的最后一句话，更是生命之绝唱，本应该在中间加一个熟悉的“逗号”的，但作者没有给出那个“逗号”，而是让母亲艰难地说完那句话，即使是在母亲生命的最后时刻，作者还是要让母亲一口气说完那句根本就无法说完的话。这实际上是作者对母亲的心疼，是作者剧烈痛苦的表达。这是作者想用自己的表达，去感受母亲的最后痛苦。作者想告诉自己：这种醒悟，是母亲用生命换来的。

因此，作者写散文，一定是在写自己。《秋天的怀念》，这样读，我们才能真正读懂史铁生。

参考文献:

[1] 教育部.义务教育教科书语文七年级上册[M].北京:人民教育出版社，2016.

[2] 史铁生.我与地坛[M].北京:人民文学出版社，2010.

[3] 郭跃辉.从作者视角解读《伟大的悲剧》[J].语文建设，2018 (09) :52—55.

[4] 王夫之.姜斋诗话笺注[M].戴鸿森，注.北京:人民文学出版社，1981.

[5] 孙琪.《秋天的怀念》文本解读与教学价值的确定[J].中学语文教学，2018:57—60.

（本文已发表在《中学语文教学》，2021年第4期）

▶《台阶》中父亲形象的人格障碍倾向分析

李森祥短篇小说《台阶》中的父亲形象，一直是大家感兴趣的话题。我们不难发现父亲身上所具有的传统美德，如勤劳、善良、坚忍、俭朴等。这是一种较为普遍的认识，然而还是有肤浅之嫌。深入解读文本，会发现父亲还有另外一面，即具有近似边缘型人格障碍的表征。兰迪·克雷格认为：“边缘型人格障碍者感知世界的方式与常人差别很大。因为一些尚不清楚的原因，边缘型人格障碍会扭曲批判思维过程，使情绪与行为失常。”这种人格障碍倾向，直接表现在父亲对家人的态度上，间接表现在父亲对台阶的追求上，隐性地表现在父亲对新台阶的不适应上。

一、直接表现在父亲对家人的态度上

这是一篇小说，小说的本质是虚构，其中的“我”不能与作者本人画等号，其中的父亲也不能与作者的父亲画等号。尽管如此，小说还是有作者自身的影子，虚虚实实间离不开作者的人生经历与情感体验。依据相关的背景材料，我们初步得知：作者与父亲的关系也曾一度紧张。他在《〈台阶〉创作谈》中提及自己的父亲："十八年里，我父亲未曾对我温暖地笑过三次"，"因为有了这样的寻找，那一瞬间我以为找到了生命中的父亲，终于塑造出了《台阶》中的父亲"，"我终于明白，《台阶》给了我与真实而严厉的父亲沟通的能力"。类似的表述，让我们初步感受到作者的父亲在世时就存在着人格障碍倾向，他与儿子难以达成和解，与整个世界也经常有冲突。而这些情况，直接影响着李森祥创作《台阶》。

回归文本。第四段写"我"小时候在台阶上跳着玩，"我想一步跳到门槛上，但摔了一大跤"。这本是寻常的小事情，不值得大惊小怪。每个人在小时候几乎都会遇到类似的情形。这里耐人寻味的不是事情本身，而是父亲的反应与态度："父亲拍拍我后脑勺说，这样是会吃苦头的！"此处写父亲，笔墨俭省，一个动作，加一句话。父亲的动作充满了慈母般的怜爱，具有柔的特征，话语简单。对比说话的内容，语气也许给我们留下的印象更为深刻。语气，具有刚的特征，同动作的柔构成了强烈的反差。"这样是会吃苦头的！"来自父亲的喟叹，犹如当头棒喝，使儿子警醒，也使读者深思。从文本的整体上看，父亲是一个过来人，一辈子没享过福，倒是吃尽苦头，遭尽白眼。他不希望这种悲苦的命运通过代际传递的方式转移到儿子身上。他的语气中透露着复杂的信息：既有辛酸，也有警示，还有夸大苦难的意味，是对痛楚的本能反应，是一种感觉被不断强化后的心理印记。他没有多说，也许千言万语仅仅凝聚为这一句，或者“我”单单抹不去对这一句的记忆。但是“我”能切实体会父亲的心理吗？父子之间，是存在着隔膜的。

第二十八段写父亲挑水。其中出了点意外，即“父亲身子晃一晃，水便泼了一些在台阶上”。这时，“我连忙去抢父亲的担子”，“他却很粗暴地一把推开我：‘不要你凑热闹，我连一担水都挑不——动吗！’”初读这些文字，很容易发现怪异之处，对父亲的行为与言语甚为不解。“我”好心地去帮父亲，在“危急关头”不惜以“抢”的方式想接过他的担子，他却毫不领情，还怒斥“我”。父亲是个异类。他粗暴：一是动作粗暴，“一把推开我”；二是语言粗暴，一个生硬的否定句（“不要你凑热闹”），连着一个语气强烈的反问句（“我连一担水都挑不——动吗！”），并且这个反问句也出现否定词。这想必已经使“我”深感意外。他分明是在赌气，是在滥逞意气。换句话讲，假如“我”真的帮他挑了水，等于证明他不中用了，老了，连生活中的这点小事也做不好。这是父亲的心理与逻辑。表面上看，似乎是强者的心理与逻辑。细细思之，则发现并非如此。父亲长期处于弱者的位置，由极度的自卑变为极度的自负，常有反常的举动，就不足为怪了。他这句话里，有个细节，那就是破折号，这既是声音的细节，也是心理的细节。父亲有片刻的犹豫，他可能已经注意到自己的异常。也许他已经知道自己老了，不比当年，但就是不想承认，还想刻意掩饰。父亲心里有一种个人英雄主义情结，要主导大局，这导致他有些排斥他人，哪怕是家人，也不例外。“我”自然“只好让在一边，看父亲把水挑进厨房里去”。尽管“厨房里又传出一声扁担沉重的叫声”，“我和母亲都惊了惊，但我们都尽力保持平静”。许多事情，“我”和母亲只能选择尊重父亲的做法。毕竟他那么执拗，老脾气难改，也不是一天两天了。

从文中看，父亲与母亲之间的正常交流也并不多。母亲常年固守着自己的位置——门槛，比父亲更为卑微、沉默而谨慎地活着，只是在遭遇父亲闪了腰的特殊情况时才变得重要起来，从角落走向舞台中央，用乡间智慧凝结的土方子为其悉心疗治。

父亲的人格障碍倾向，在这里主要表现在：感知世界的方式与常人差别大，情感表达困难，即便是最亲近的家人，也很难与他正常沟通，彼此难以摆脱疏离感与陌生感。这是父亲人格障碍倾向的表征之一。

二、间接表现在父亲对台阶的追求上

小说的开头往往为整个文本奠定基调。这一点值得重视。开头，一句话独立成段：“父亲总觉得我们家的台阶低。”一个副词“总”，揭示了父亲举动的反复性，甚至是顽固性。结合第八段的“台阶高，屋主人的地位就相应高”，我们不难理解父亲长期存在着自卑心理。从经济角度看，一切源于艰难时世，源于物质极度匮乏的状态。自卑的人容易有内心过分敏感的表现，过度关注别人对自己的评价，并进行负面的心理暗示。中国人常讲“穷则思变”，要努力突破困境。父亲也十分渴望改变现状。他是一个行动派，着手去干，而且是蛮干、苦干、拼命干，奋不顾身。

第二段写的是建原来的三级台阶的插曲。三级台阶由三块青石板构成，每块重约三百来斤。石匠与父亲打赌："说是能一口气背到家，不收石料钱。"石匠心里已经认定父亲不可能背得动，准备看笑话，否则他哪敢这么打赌，让自己白忙一场。父亲很可能从石匠的话中读出了轻蔑与挑衅的意味，于是倔强的他，一赌气，竟然还真的赌赢了："结果父亲一下子背了三趟，还没觉得花了太大的力气。"一下子背了三趟，有些人怀疑，认为太夸张，不符合生活的真实性。那是不了解旧时代的劳动者。过去，常年埋头劳动的人，吃辛苦饭，早已练就一身力气，能接下不少力气活。我们真正要关注的其实是后半句："还没觉得花了太大的力气。"这句话，更有可能是父亲故意表现出的强大，也是做给石匠看的，是与"示弱"相反的"示强"。这个石匠很"不幸"，大概第一次遇到父亲这样的异类，白白赔了三块大青石板。这一段还有一个容易被忽略的细节，因为它看上去并不紧要："只是那一来一去的许多山路，磨破了他一双麻筋草鞋，父亲感到太可惜。"这个细节很精彩。好的小说往往有这类精彩的细节。父亲身上有一种属于弱者的错位价值观，即爱惜身外之物甚至胜过自己，其中充满了一股粗粝的傻气。他对台阶近乎偏执的追求，已经盖过了一切，无可取代。

父亲的意志完全转移到台阶上，台阶下面压着的是他的自卑感。他大约喜欢自言自语，口头禅是："我们家的台阶低。"他在自我暗示，也在自我强调。由于台阶在父亲心中具有神圣得类似宗教的崇高地位，父亲从未带着家人好好地享受过现实而火热的生活，家人陪着他受了不少罪。

第九段写父亲“日夜盼着，准备着要造一栋有高台阶的新屋”。一个弱者的理想竟是如此简单和朴实，就像老舍笔下的祥子，最大的梦想不过是希望有一辆属于自己的人力车。第十段写父亲的准备工作，漫长而艰辛。这个过程，正好与传统的农耕文明的节奏一致。第十一段写道：“于是，一年中他七个月种田，四个月去山里砍柴，半个月在大溪滩上捡屋基卵石，剩下半个月用来过年、编草鞋。”这一段，时间词密集，时间被父亲排得满满的，一年忙到头的父亲几乎片刻也闲不住，而且几乎都是围绕一个中心：建一栋有高台阶的新屋。

那父亲平时的娱乐是什么？第十二段告诉我们，是过烟瘾，即“磨刀”，而且位置选在台阶上，“烟吃饱了”，就继续去干他的活。一切，都离不开台阶。

第十三段，父亲在台阶上休息时，“能看见别人家高高的台阶，那里栽着几棵柳树，柳树老是摇来摇去，却摇不散父亲那专注的目光”。本是很正常的自然现象。但是因为对方的台阶高，基于由来已久的心理弱势地位，那摇来摇去的柳枝，在父亲看来，就变成了嘲讽与刺激。

第十五段与第十六段，有这样两处细节：“一个冬天下来，破草鞋堆得超过了台阶。”“塞角票的瓦罐满了几次，门口空地上鹅卵石堆得小山般高。”两处细节描写与侧面描写，将父亲在极端困苦的条件下仍然坚忍忙碌的形象刻画出来。我们可以想象他为这个家，为自己的理想在背后所做的努力。父亲并不只是粗糙木讷地活着。在关键的事情上，父亲也注重仪式感：“他终于觉得可以造屋了，便选定一个日子，破土动工。”

从第十六段中，我们又能看出异样。父亲好像变了个人似的。“造屋的那些日子，父亲很兴奋。”这是他的人生大事。作为弱者，他一辈子干不了几件引人注目、引以为豪的大事，造屋算是为数不多的大事之一。父亲干劲冲天，全然忘了自己已经年老。从白天到晚上，父亲都在忙活，白天他陪匠人一起干活，晚上则是独自忙到半夜，“睡下三四个钟头，他又起床安排第二天的活”。看来，父亲不是一般的兴奋，简直是亢奋，精气神异常焕发。后面又说“我担心父亲有一天会垮下来，然而，父亲的精力却很旺盛，脸上总是挂着笑容”，为大家递烟送茶，忙得不亦乐乎。从全文看，父亲对“我”和母亲少有笑容，总体上情感冷漠，距离感十分明显。平日里，他和周围的其他人也很少往来。到了建造新屋的日子里，他倒是突然变得亢奋和热情，人也由沉默寡言变得开朗起来。台阶是与新屋紧密联系在一起的，按文中说法，应该是先新屋后台阶，台阶在父亲心中的意义，超过新屋。盖新屋尚且使父亲精神面貌焕然一新，建新台阶自不待言。父亲情感表现的模式着实让人吃惊。

与第二段青石板形成照应的是第二十二段。“我亲眼看到父亲再用手去托青石板时腰闪了一下。我就不让他抬，他坚持要抬。”第二段，父亲是和石匠赌气，也是和自己赌气。在这一段里，父亲继续和自己赌气，同时和“我”赌气。由于长期过着贫困的生活，父亲的灵魂深处积蓄着太多的不平之气，它们需要被释放。这两次和青石板相关的故事，也是释放的时机，当然还包括挑水的那个片段。父亲的这种个性，是一以贯之的，在不同的人面前表现得大同小异，本质恒定。

第二十五段告诉我们，台阶由旧有的三级变为九级。之前，第八段透露过这样的信息：“在我们家乡，住家门口总有台阶，高低不尽相同，从二三级到十几级的都有。”父亲偏偏选择九级，不多不少。九，是阳数的最高数，是至尊的象征。同时，九，又与“久”谐音。父亲选择这个特殊的数字，显然是希望有尊严的美好生活能够长长久久。

台阶，在父亲的生活中，在父亲的生命中，具有至高无上的地位，带有一定的宗教色彩，确实蕴含着非凡的意义。为了新台阶，他可谓不惜一切代价。甚至，他好像只为台阶而活，不顾其他。台阶主导着他的情感与心理，也是他人格障碍倾向的反映。一个外物左右了父亲正常的思维逻辑与情感表达。父亲对台阶狂热而深沉的追求，已折射出不合常理的病态心理，并外化为异常的行为。这是父亲人格障碍倾向的表征之二。

三、隐性地表现在父亲对新台阶的不适应上

按照人之常情，父亲既然圆满地实现了梦想，建造了新屋，也将原来的三级台阶抬升为九级，就应该十分畅快与自豪。故事发展到这里，本可以有一个完美的结局，皆大欢喜。父亲辛辛苦苦一辈子，老了，了却了心愿，有了全新的生活，似乎能安度晚年，给小说画上句号。但是，小说“不幸”出现了转折。我们一一细看。

第二十六段，“父亲自己却熬不住”。他“当天就坐在台阶上抽烟”，而且坐在最高一级，只是在磕烟灰时出现意外，“感

觉手有些不对劲，便猛然愣住”。干脆就憋住了，不去磕。文中解释说：“台阶是水泥抹的，不经磕。”这种解释自然只是关注了表面现象。新台阶使用了水泥，水泥是塑造城市文明的物件，也可以放大为城市文明的象征物，显得有些洋气。旧有的台阶没用水泥，显得更有原始气息，却陪伴了父亲大半辈子。不难看出，穷则思变的父亲，努力突破原来的生活，却又对新的生活极不适应。而这，还仅仅是开端呢。

第二十七段，有个颇有意思的细节首先吸引我们。有人在路过时问父亲吃过午饭没有。吃过饭的父亲居然回答错了。这当然可以解释为他紧张，心不在焉，或者说固守沉默的父亲不善于与人交流，一张嘴就出错。我们是否可以有另外一层理解？即父亲在了却心愿后，反而迷失了自我，陷入了尴尬的处境，表现在外，就是语言表达出现错乱，同周围的环境不协调，未能达成同步。每一种口误都可能有背后的心理机制。与其说是口误，不如说是心理秩序出现了紊乱。生活秩序与生活节奏被打破，波及心理，又表现在日常生活场景中。在这一段中，又提到父亲坐新台阶的细节。坐在第八级与人打招呼，不自在，不断往下挪。“挪到最低一级，他又觉得太低了，干脆就坐到门槛上去。”然而，“门槛是母亲的位置”。以前，只有三级台阶，几十年，风风雨雨，父亲只觉得低，坐在上面磕烟灰倒是自在。现在呢，高则高矣，却不适应。一级级往下坐，直到坐在与其身份不符的门槛上。你可以想象父亲有多么尴尬。如上文所言，父亲已经迷失了自我，找不到自己的位置，无所适从。

回到第二十一段，那里早已出现令人深感意外的文字：“父亲从老屋里拿出四颗大鞭炮，他居然不敢放，让我来。”“父亲的两手没处放似的，抄着不是，贴在胯骨上也不是。”“因而，父亲明明该高兴，却露出些尴尬的笑。”初看父亲的表现，让人感觉到矛盾，费解。按照常理，他诚实地劳动，非偷非抢，换取了更好的生活，已经到了扬眉吐气的时候了，为什么又有退缩与尴尬呢？我们可能忘了，农民骨子里还有一种谦卑。而乡土社会里，做人是一项需要终其一生不断揣摩的大学问。

台阶，是父亲一辈子绕不开的对象。曾经的三级台阶让他深感自卑，“没人说过他有地位，父亲也从没觉得自己有地位”。父亲不甘于低人一等，渴望得到尊重与认可，还时常通过小事表现出来。中国传统社会，既是乡土社会，也是宗法社会，还是熟人社会，更是人情社会。在一个极其注重脸面的社会里，父亲要通过抬升台阶的级数来提升面子。俗话说：“只有享不了的福，没有吃不了的苦。”父亲也是被环境逼出来的，是艰苦的环境的产物。他最终改善了自己的家的物质条件，却改变不了乡村的环境，特别是人文环境。愚昧与闭塞的文化还在束缚着他。

九级台阶，大概是父亲留给平凡的人世的最后杰作，也是他对生命价值进行的孤独的探索。父亲拼了命建好它，自己的身子随即就明显地老下去，精神就垮下去，也许正是一种带有悲剧性的宿命。第二十九段写道：“父亲闲着没什么事可干，又觉得很烦躁。”“偶尔出去一趟，回来时，一副若有所失的模样。”操劳了一辈子的人固然闲不住，他早已习惯了苦日子，但是新屋子新台阶建成之后，新的困境却在干扰他，如心理困境、价值困境、道德困境。这种种困境，在城市化进程加速的今天，我们未必能够完全理解。

第三十一段写道：“好久之后，父亲又像问自己又像是问我：‘这人怎么了？’”父亲究竟在问谁？谁也摸不透。而这种问法，字面上很模糊，细思之，又有哲学家的口吻。父亲的身体出问题了，他真的老了，这是强大的自然规律所支配的。更重要的是，父亲的精神状态也不如从前。他状态最好的时候是建新屋与新台阶的那一阵子。

“文化，西方人认为是我们人类生存的第二空气。”“所谓集体无意识，就是大家似乎都没有察觉出来的，但它顽固地存在着。它往往是通过某一个侧面，某一个方面表现出来。”父亲也是由长期沉淀下来的乡土文化所塑造的，在这种文化背景里，作为普通的农民，其人格往往难以达到健全的程度。文中的父亲只是其中的典型代表，是乡村文明的缩影。小说写父亲对新台阶不适应，映射的正是其人格障碍倾向的表征之三。

父亲的形象，由此变得复杂了，小说的主题也变得深刻了。

总之，台阶是我们赖以认识父亲形象的关键。从人格障碍倾向角度重新审视父亲的形象，避免浅层的理解，也是一种有效的尝试，它让我们能够更好地把握父亲矛盾形象背后的深层次心理结构。文本解读，在许多情况下，需要借助心理学的相关知识，毕竟这是我们更好地探究人物状态的工具。

参考文献：

［1］兰迪·克雷格. 边缘型人格障碍 [M].北京：台海出版社，2018.

[2] 李森祥. 站在父亲的肩膀上 [J]. 中国校园文学, 2007:39—41.

[3] 马以鑫. 现代文阅读八讲 [M].上海：上海社会科学院出版社，2004.

（本文已发表在《中学语文教学》，2019年第11期；后被《复印报刊资料·初中语文教与学》转载，2020年第5期）

▶ 《梦回繁华》是在讲“繁华”吗

《梦回繁华》是新近被选入部编版初中语文教材的文章，它和《中国石拱桥》《苏州园林》等传统的说明文一道被编入第五单元。单元学习指导语强调：“学习本单元，要把握说明对象的特征，了解文章是如何使用恰当的方法来说明的；还要体会说明文语言严谨、准确的特点，增强思维的条理性和严密性。”很明显，编者是将《梦回繁华》视作说明文来处理的。那么，在教学逻辑上，我们就应当按照说明文的知识体系与阅读方法来处理文本。只有不偏离这个逻辑起点，我们的教学才会更有价值。

在许多教学课堂上，我们看到老师们都把这篇文章的说明对象界定为“《清明上河图》这幅古画”，这是没有问题的。但老师们同时很容易将古画的特征界定为“繁华”，这显然是存在偏差的。

一、《清明上河图》有何特点

先看“繁华”一词。《辞海》（第六版）解释为：“繁盛华丽。”《现代汉语词典》（第七版）解释为：“（城镇、街市）繁荣热闹。”据此可见，按常理而言，“繁华”的修饰对象并不能是一幅画。既然如此，那《清明上河图》的特点是什么呢？

且看文本第一段：“张择端的《清明上河图》便是北宋风俗画作品中最具代表性的一幅。”这一句，可谓揭示了画作的核心价值，也是画作的关键特点。风俗画，顾名思义，就是以特定的风俗为内容的画作。这里使用了“最”这个副词，“表示某种属性超过所有同类的人或事物”，使表述趋于极端化，语义达到饱和状态，突出画作无可取代的艺术地位。按照常态，说明文的语言追求准确与严谨，但作为国宝的名画《清明上河图》却实至名归。作者使用“最”字，简明地指出了《清明上河图》最重要的信息，强调了其在艺术史上独一无二的核心价值，使人印象深刻。关于画作的价值，作者在第五段还说道“它不是一般热闹场面的记录，而是通过对各阶层人物活动的生动描绘，深刻地揭示这一特定历史时期的社会生活状况”。热闹，只是表象，是浅层次的，非专业人士也能直观地看到。当然，表象的东西也容易使人迷惑。画面中的人物活动所折射的社会状况，才是深层次的社会价值所系，这是专业研究者凭借自身功底才能够一一体察。这同时也表明画作的价值，早已超出了艺术价值与审美价值，同时还具有历史价值与文化价值，后者尤其是我们需要密切关注的。

总之，《清明上河图》的特点应该为“它是北宋风俗画作品中最具代表性的一幅”，而非“繁华”。

二、“繁华”是谁的特点

面对一幅经典的古画，作者没有也不可能事无巨细地加以说明。作者在介绍画作时，采用了空间顺序，从开卷处描绘的汴京近郊风光说起，再到画面中段的汴河两岸的繁华情景，最后到后段的汴京市区的街道场面，层次感很强。

其中，汴京近郊，只用寥寥几行文字就写完了，如“疏林薄雾”“农舍田畴”“毛驴驼队”“轿乘队伍”，强调时间是“北国早春”，作者描绘自然环境的笔墨要胜过描绘人类活动的笔墨，自然环境本身通常的特点也不是“繁华”。据此，我们也不难看出，“繁华”并非指开卷处的汴京近郊风光。

再看第二部分。文本说“画面中段是汴河两岸的繁华情景”，直接点出了“繁华”二字。这是作者理解的“繁华”，也是读者易于体察到的“繁华”。作者两次用“巨大”形容漕船，用“舳舻相接”形容群船，用“忙碌”形容船工，用“沉重”形容粮包，用“规模宏敞”形容拱桥，用“一片繁忙景象”形容汴河上的船；对于拱桥的外观，用“以巨木虚架而成，结构精美，宛如飞虹”形容；对于拱桥的突出特征，则用“桥的两端紧连着街市，车水马龙，热闹非凡”形容。以上语句，都具体而集中地说明了汴河两岸情景的突出特点是“繁华”。不难看出，当时国都的发展，紧紧依赖着汴河，而汴河上的这座桥，又承载盛世的繁华。

第三部分为汴梁市区的街道。作者罗列了许许多多的事物，如茶坊、酒肆、脚店、肉铺、寺观、公厕，还有罗帛布匹、沉檀香料、香烛纸马，这些罗列式的介绍，也充分地证明了汴梁市区的盛世繁华。还有“街上，行人摩肩接踵，络绎不绝，士农工商、男女老少、各行各业，无所不备”，更是高度概括，作者用至简的语言介绍至丰的景象，言语形式与言语内容之间，形成巨大的反差，构成一股张力，让人从字里行间感受到了繁荣盛世。

总之，“繁华”一词指涉的对象正是这幅古画的中段所展现的令人震撼的城市景象，而并非整幅画。

三、“梦回繁华”的真正内涵是什么

文本第二段写道：“那正是北宋统治者在覆灭之前大造盛世假象，以此掩盖内忧外患的时期。建炎之后，南渡的北宋遗民怀念故土，在他们眼中，这幅图卷必有其特殊的意义，正是他们回首故土、梦回繁华的写照。”

这个片段值得注意的有三点：一是北宋统治者面临政治危机仍然粉饰太平的愚妄之举，这种深沉的错位感与荒诞感让我们深思，这也是这幅画的历史与政治背景；二是南渡之后的遗民借助《清明上河图》关照古今、抚今追昔的复杂心理结构，一幅画作已经超越本身的价值，上升为精神寄托与情感凝聚物；三是“梦回繁华”这个四字短语在文本中只出现过这么一次，那就有必要紧扣语境去细细体味。繁华如梦，过眼成空，沧桑感与空虚感陡然充溢在心胸之间。而宋代人又确实好说梦，沉迷于特殊的精神感受。“据统计，‘梦’字在《全宋词》中共出现3993次”，远远高于唐诗中的“梦”的次数。这并非偶然的。“现实世界中的种种缺憾和痛苦，使宋人逃向梦的世界寻求安慰和解脱。”繁华之中常常潜伏危机而众人却陶醉于眼前，待繁华成为过往，人才会从梦中醒来，而不胜感慨。张择端虽然不是词人，却拥有过人的洞察力，他的画作契合了那个时代文化人整体的精神状态。而标题“梦回繁华”，也牢牢扣住了宋人好说梦的历史特征与心理结构。

宋代，尤其是北宋，曾经在中国历史上创造了众多的奇迹与辉煌，这是历史学家研究的重要课题。陈寅恪曾说：“华夏民族之文化，历数千载之演进，而造极于赵宋之世。”邓广铭也说过：“宋代是我国封建社会发展的最高阶段，其物质文明和精神文明所达到的高度，在整个封建社会历史时期，可以说是空前绝后的。”然而，好景终难长久。金兵南侵，“靖康之耻”成为惨痛的教训，一切繁华迅即成为幻影。北宋士大夫的文化自信受到巨大挑战，文明积累的进程一时受到严重的冲击。偏安一隅的南宋人，很自然地会深情追怀旧事。

“梦回繁华”，正好切实地触碰到宋人的历史际遇与心灵感受。

以前，世人对这幅画多有误读，即认为作者张择端是以画作的形式歌功颂德，以博取皇帝的赞赏。后世研究者经过细细观察，并结合文献资料思考，发现“画卷则完全是一幅盛世危机图，精心选择的写实构图，背后隐藏着作者曲谏讽世的良苦用心”。据研究，画作中“不正常”的景象有：“疯狂的惊马”“虚设的望火楼”“惊悚的船桥险情”“严峻的商贾囤粮问题”“懒惰的递铺官兵”“严酷的党争事件”“撤防的城门”“沉重的商税”“泛滥的酒患”“严重侵街的商铺”……细读文本，我们可以发现文本中常常被忽略的细节。而结合学者对画作的观察与解读，我们更能体会到张择端的忧患意识与艺术造诣。

文本中的“梦回繁华”所指对象不是我们，而是“他们”，即南渡遗民。他们眼中的这幅画，更多的是繁华的表象，是大宋物质文明方面的骄人成就。南渡之后，国家版图的萎缩与士人情绪的低落，更使他们迷恋汴京时代的繁华，进而也有一些清醒冷峻的思考。然而，悲哀的是，整体而言，退居南方后，上上下下并没有彻底从历史悲剧中汲取教训。宋代林升说的“暖风熏得游人醉，直把杭州作汴州”，不仅仅涉及文学意义上的夸张修辞，而且也预示着历史悲剧将会重演。诗人不幸言中了结局，蒙古的军事威力最终倾覆了南宋政权，两宋的命运居然惊人地相似。

四、《梦回繁华》最有价值的教学资源有哪些

作为说明文的《梦回繁华》，其所包含的教学资源也应当被深入挖掘与利用。“说明文至少在以下几个方面滋养着中学语文教学。语言，以简明缜密的言语表达思想；文章，以规范的结构布局成为文章教学的材料；思维，以周密的逻辑解说阐释事物与事理；精神，以客观严谨追根溯源的风格对学生的人生态度形成

潜移默化的影响。”

面对一幅堪称国粹的古画，本可以写的地方其实是相当多的，海量的信息被浓缩处理了，有所取舍。作者选用简明缜密的语言说明画作中最值得关注的点、线、面、体，并且按照一定的逻辑顺序去展开阐释。他将“纵24.8厘米，横528.7厘米”的画作分为三个“面”：开卷处的汴京近郊风光、画面中段的汴河两岸繁华景象、后段汴京市区的街道。在“面”中，我们还能看到具体的“点”，如自然界的流水与树林，以及同人类活动密切相关的街道、桥梁、店铺、船只。而汴河上的拱桥则构成了“线”，沿着桥的走向，通过原始的画作与作者的描述，我们能更清楚地了解到桥两头的街市、桥上的行人、桥下的船与水。整幅画，告诉我们的，并不仅仅局限于画作本身，而是背后有一个立体展示的宋王朝，此即“体”。这样安排说明顺序的特殊方式，应该让学生了解和学习。

这篇说明文，其说明对象并不属于学生习焉不察的自然科学领域，而是具有深厚的历史文化内涵的一幅国宝级古画作。无论哪种文体的教学，教师都要守住课堂教学定点。“所谓课堂定点，是指在有限的课堂空间里选择适宜的教学内容，这个教学内容既立足于文本，又能体现出文本的独特价值。”在看多了科技类理性至上的说明文之后，看到这样一篇别具一格的说明文时，首先能捕捉到一种新鲜感，其次有思维结构优化的契机，最后也可获取文化品位提升的途径。例如，思考力的训练，可以从以下方面着手：第一，我们这幅古画的最大价值在哪里？第二，张择端创作这幅古画的意图，究竟只是炫示高超的艺术水平，还是粉饰太平以迎合具有艺术家修养的昏庸皇帝，还是透过细部渲染来表达对大宋统治的某些隐忧呢？第三，欣赏社会风俗类古画通常应该留意哪些方面？我们对这篇说明文的处理过程，事实上既会结合说明文的一般特质，又会远远超出说明文一般阅读技术的范畴。学习语文，记忆只是浅层次的，思维训练才是根本。在提升思考力的同时，学生会有一种灵魂的通透感，豁然开朗，发现语文学科容易被遮蔽的魅力。

"语文课程丰富的人文内涵对学生精神世界的影响是广泛而深刻的，学生对语文材料的感受和理解又往往是多元的。"《梦回繁华》中的人文内涵，渗透在字里行间，体现为委婉劝谏方式、忧患意识和家国情怀，它们共同指向传统读书人在儒家文化影响下的表达方式与心理结构。张择端虽是画家，然而却并非闭门造车式的呆子。他早年游学于汴京，进入翰林，后习绘画。他对汴京的景象，乃至整个王朝的真实状况已经有相当长久的观察与相当清醒的认识。他通过画作，对统治者进行委婉劝谏，表达着自己的忧患意识与家国情怀。而学生的成长，不仅是身体上的成长，而且是精神上的成长，经由这些人文价值的渗透，学生的精神成长就有了具体的支架。

总而言之，"繁华"绝不是《清明上河图》的特征，而是南渡遗民抚今追昔时对故国的怀念与反思，而《清明上河图》的特点应该是"是北宋风俗画作品中最具代表性的一幅"。教学这篇文章，还应该重视说明文体的历史价值和人文价值，不能仅仅关注说明文阅读方法的教学。

参考文献：

［1］龙慧萍，郑长天.宋词中的“梦”与宋代文人心态[J].中国韵文学刊，2001（2）:32—38.

［2］陈寅恪.金明馆丛稿二编[M].北京：生活·读书·新知三联书店，2018.

［3］邓广铭.宋史十讲[M].北京：中华书局，2018.

［4］艾江涛.清明上河图：繁华背后的忧思[J] .公民与法，2018（10）:60—62.

［5］余辉.张择端《清明上河图》的画里画外[J].收藏家，2015（12）:3—9.

［6］潜说友.咸淳临安志[M].杭州：浙江古籍出版社，2012.

［7］邓彤.说明文：呼唤工具与人文的整合[J].中学语文教学，2006（06）:22.

［8］司艳平.王君老师的教学勇气[J].中学语文教学参考（初中），2016（10）:55—60.

［9］中华人民共和国教育部.义务教育语文课程标准（2011年版）[M].北京：北京师范大学出版集团，2012.

▶ 极端境地激发的独特“诗意”

《梅岭三章》采用的是旧体诗中的七言绝句形式，三章一体，可以理解为组诗的形式。三章在内容上构成互文关系，互为补充与验证，指向共同的情感价值。作者是杰出的无产阶级革命家陈毅同志。陈毅被众人视为“儒将”与“诗人”，他的文化修养与诗人气质，历来备受关注。《梅岭三章》并不是在和平年代里抒发的闲情逸致，而是在极端的境地中表达的独特诗意。我们需要关注地理环境与社会环境所表现出的“双重险恶”，并积极地通过文字深入探究，同时以这三首诗为例，进而对独特诗意在革命诗中的体现有一个基本的认识。

一、极端境地

（一）梅岭

梅岭因为革命年代的极端境地而显得神秘而惊险，更因为陈毅与之相关的特殊经历而催生出别样的诗意。梅岭“在江西省大余县城西南12公里梅关乡梅山村黄坑北侧的山坡上，矗立着《梅岭三章》的诗碑”。大余县的梅关乡正是中国地理中五岭山脉中大庾岭的一部分。此处山高林密，环境还较为原始落后，尤其是在20世纪30年代。

（二）诗前小序

诗前小序尽管是后来补记的，却真实地反映了当时的情境，也还原了当时的心境。其中需要关注的文字细节较多。如，“冬”，既是时节之冬，也是社会之冬，更是心理体验之冬，一切凄凉如冬。绝境尽在其中，其意蕴的确丰富而深刻。再如“被围”，《孙子兵法·谋攻》说“十则围之”，作者冬季身处梅山，险象环生，还被敌兵围困，敌我力量悬殊，简直是命悬一线，可见处境之极端艰难。再如“伤病”“伏丛莽间”与“二十余日”，就是各种极端元素的叠加，暗示孤立无援之际，性命岌岌可危，处境已非言辞所能形容。“虑不得脱”，于是留下三首绝命诗，以明革命之志向，警示后来人。“旋围解”三字，貌似轻松与庆幸，然而只有经历过生死考验的忠诚志士才有深入灵魂的独特体验。

“1934年10月，江西中央红军开始长征，陈毅因身负重伤，留在江西担任军事指挥。1935年春，他在敌人的重兵围攻下，率部突围到江西、广东两省交界的油山和梅山（梅岭山脉的两座山）地区开展游击战争，直到1937年抗日战争全面爆发才离开。”（课下注解）我们不妨借助文字还原情境。大背景是长征，大部队已经进行战略转移了，但是陈毅因为重伤在身，留在已经很危险的江西地区，还身担重责，做军事指挥者，坚持南方的游击战争，被困在局部，不时地还击敌人。无奈的是，敌方纠集了重兵，所以才形成围困之势。

陈毅元帅拥有漫长的戎马生涯，战功卓著，也历经磨难，举重若轻，“而赣南的3年游击战，正如陈毅自己说的那样，‘是我在革命斗争中所经历的最艰苦最困难的阶段’”。可见，这种极端境地，即使是在以革命为职业的陈毅心底，也是具有非同一般的意义，仍是具有刻骨铭心的印记。

二、独特诗意

极端的境地与陈毅自身的修养、气质共同催生了独特诗意。

（一）诗之悲壮意味

1.断头

死亡，已经是痛苦的事情，人们往往唯恐避之不及。断头，则是以异常悲惨的方式死去，其悲壮意味，不言自明。壮士断腕，是一种悲壮之举。革命者断头，更是悲壮中的悲壮。头可断，还有什么事不可为呢？“断头今日意如何？”首章首句，就这么突兀地发问，是在拷问自我的灵魂，也是在拷问读者的灵魂。知道生命的价值所系，就不再惧怕断头式死亡。

2.纸钱

第二章说“后死诸君多努力，捷报飞来当纸钱”。言外之意，自己要先行一步，为了革命，视死如归。“后死者”，暗示革命路上艰险甚多，革命者都得做好光荣牺牲的思想准备。后死者会完成未竟之事业，迎接胜利，所以才有“捷报”。然而，自己那时候或许早已不在人间，所以才说“纸钱”。纸钱者，色白，在坟头摆放，在风中飘扬，兼以凄风苦雨，更给人以悲凉之感。然而，“捷报”恰是对已为革命抛头颅洒热血的志士最好的祭奠方式，泪与笑在此奇妙地聚为一体，就也在实际上冲淡了悲伤。

3.血雨腥风

“血雨腥风”本是一个成语，常用来形容残酷的局势或凶险的境地。诗中说“血雨腥风应有涯”，言外之意，“血雨腥风”据当时而言，在众生眼里似乎没有止境，但在陈毅心里这样的局面应当有终结之日。“血雨腥风”，也渲染了那个时代国民党施行的高压恐怖政策造成的阴惨惨的气氛。以此为背景，革命者的姿态呢？以革命为家，做职业革命家，一辈子为革命而奋斗。

4.国门悬首

第二章说：“此头须向国门悬。”“国门悬”三个字，不一定用了与伍子胥相关的典故。史书讲到伍子胥时只有这样的记载：“而抉吾眼县吴东门之上，以观越寇之入灭吴也。”我们不必深究典故。文本的语境，不妨说有两种：一是文字本身所显示的情境与氛围；二是文本背后与作者及时代背景相关的内涵。依据这两条，作者当时已怀必死之心，没有贪生求存之念，如此则“‘国门悬’释成‘听凭国民党反动派拿去示众’较好”。对照第一章的“断头”看，此处的“国门悬首”，在逻辑上更进一步，在情感上更进一步。作者对惨烈之死以及死后还可能遭遇的屈辱，已经有充足的心理准备，并能从容面对。

(二)诗之信念力量

1.捷报

捷报，就是胜利的消息。作者彼时深陷绝境，却在诗中坚信有朝一日会有胜利的消息传来。这是无产阶级革命家信念的力量在起作用。我们知道，在中国近现代革命史上，既有意志坚定的革命者，也有对革命前途悲观失望而退缩妥协的落伍者，甚至是叛徒。历史是残酷无情的，每个当事人都有选择的权利。然而，难能可贵的是，作者并没有沦落为落伍者，而是在生死攸关之际，还能凭借顽强的毅力去支撑，还能对革命抱有美好的期待，还能散发出伟大的人格光芒。

2.革命

作者全身心投入到革命的洪流之中，以革命为己任。按照通常的理解，中国人是非常注重家庭伦理的。而作者却视革命为家，在其中寻找最高的精神价值。革命成为作者当时的人生主旋律，正是忠诚于党的事业，才会有这样的信念。

3.自由花

争取民族独立与自由，一直是近现代革命的主线之一。中华民族饱受不自由带来的深重灾难，而诗歌的语言通常注意形象性。作者就是将抽象的“自由”与形象的“花”紧密糅合，通过“自由花”这种融合理性与感性的表达，告诉世人自己的信念所在。此花，是作者心中最美的花，作者不仅高度赞美它，而且还想象着有朝一日人间能够普遍种植此花，希望革命者前仆后继的努力不白费。这无疑是浪漫色彩浓厚的诗意之笔，它与革命的现实主义紧密结合。

(三)诗之文化色彩

1.泉台与阎罗

死亡，在传统的中国人中，特别是民间，流传着许许多多具有宗教意味的说法。比如“泉台”，即是迷信中的阴间世界，是令人闻而生畏的。作者说“此去泉台招旧部”，即言阴间仍然不乏革命者，死了之后还要继续革命，而且还要做号召者，以便振臂一呼，应者云集。而“阎罗”本是阴曹地府的主宰之一。中国人往往又畏惧死亡，讳言死亡，于是顺着这个逻辑，也十分畏惧阎罗。作者却写道：“旌旗十万斩阎罗。”这本身就惊世骇俗，出人意料。“旌旗十万”，足见我方革命势力之强大，“旌旗”飘扬，正是革命者意志的体现，也是毫无退缩之态的反映。此时的阎罗，成为邪恶的敌人头目的化身，正是他掌管着小鬼们的自由，左右着他们的命运，那就让小鬼们联合起来闹革命，直灭敌酋。说到底，作者在此并非宣扬迷信，而是将迷信作为文学元素加以利用，赋予其崭新的时代内涵。

2.义与仁

诗中说“取义成仁今日事”，关键词是“义”与“仁”。这两个关键词也恰好反映了作者深受传统的儒家思想浸润并且身为著名儒将的基本特征。“仁”与“义”代表着儒家的核心价值观，它们的身影屡屡出现在儒家经典之中。如“志士仁人，无求生以害仁，有杀身以成仁”，再如“生，亦我所欲也；义，亦我所欲也。二者不可得兼，舍生而取义者也”。它们影响着千千万万的读书人，其中就包括从旧时代走出来的陈毅同志。人性的本质是趋利避害，这本身无可厚非。然而，思想境界高的革命志士则会选择超越这一本性，进入“取义成仁”的境界。“很明显，生命的存在是人生中最大的利。然而，儒家却在明知这一经验事实的情况下，提出在生死关头要‘杀身成仁’‘舍生取义’，显然，这个‘仁’‘义’是儒家认为比生命还重要的东西，它显示了儒家的生命价值取向。”当然，需要强调的是，陈毅对“义”与“仁”的坚守，已经突破了旧时代的框架，而积极融入了新时期无产阶级革命的意蕴。它不再是对旧制度、旧君主、旧价值的维护，而是表现出为中国共产党所代表的广大劳动人民的根本利益而奋斗，为实现党的伟大政治蓝图而挥洒血与汗的高贵情怀。“取义成仁今日事”，历史的重担落在了陈毅肩上，士无贪生之意。“今日”则意味着随时准备为党、为国、为民族、为人民而献出宝贵的生命。

三、独特诗意在革命诗中的体现

通过陈毅同志的《梅岭三章》，可以领略革命家的崇高人格与独特诗意。在那个特殊的时代里，还有许许多多与诗人遭遇极其相似的革命者，也留下了灿烂的诗篇，与其不朽的形象一道，为后人传唱。

如吉鸿昌的《就义诗》：“恨不抗日死，留作今日羞。国破尚如此，我何惜此头。”作者在就义这个极端境地里吟诗一首，真面生与死，心怀家国，不避危难，令人肃然起敬。如夏明翰《就义诗》："砍头不要紧，只要主义真。杀了夏明翰，还有后来人。"这首诗，纯用口语，文字浅显，不事雕琢。但是文字所带来的冲击力与震撼感，早已穿越了时空。如杨超《就义诗》："满天风雪满天愁，革命何须怕断头？留得子胥豪气在，三年归报楚王仇！"此诗也像《梅岭三章》那样，言及"革命"与"断头"，诗人都是慷慨激昂，读来颇令人回肠荡气。如陈法轼《狱中诗》："磊落生平事，临刑无点愁。壮怀犹未折，热血拼将流。慷慨为新鬼，从容作死囚。多情惟此月，再照雄心酬。"其中，使读者印象尤为深刻的是"慷慨为新鬼，从容作死囚"，作者轻忽生死而重革命大义的形象，如在目前。如叶挺的《囚歌》："我希望有一天/地下的烈火，/将我连这活棺材一齐烧掉，我应该在烈火与热血中得到永生！"身在囚室的革命家叶挺，并不希冀活着走出牢房，而是宁愿悲壮地死去，经由"死"实现"永生"……

以上所举，仅仅是目前所见的革命诗中的几个著名例子而已，相关的诗作，很多还湮没在历史的尘烟中。无论是出自陈毅之手，还是出自吉鸿昌、夏明翰、杨超、陈法轼、叶挺等人之手，都无一例外地蕴含着天地之正气，读者都会为革命家们超凡的精气神所感召。

伟大的革命家们能在极端境地中用生命书写诗歌，故而能传达出独特的诗意。他们的生命与人格，本身就是一首最好的诗，值得后人永远铭记。

参考文献:

[1] 樊红林.《梅岭三章》是这样写成的 [J] .山西老年，2016（10）:5.

[2] 司马迁.史记 [M] .北京：中华书局，2011.

[3] 何功煌.“国门悬”一解 [J] .江苏教育，1982（01）:17—18.

[4] 杨伯峻.论语译注 [M] .北京：中华书局，2017.

[5] 杨伯峻.孟子译注[M] .北京：中华书局，2019.

[6] 张英.从“杀身成仁”“舍生取义”看儒家生命价值观 [J].理论探究，2007（2）:55—59.

[7] 萧三.革命烈士诗抄（第4版）[M].北京：中国青年出版社，2011.

▶ 孔乙己：一组“悖论”的集合

西方文论中的“悖论”是一个较为流行的概念，它对于解读《孔乙己》同样具有启发意义。“悖论的基本含义是超越现存的概念与观点，‘表面看来是逻辑矛盾或者荒谬的陈述，结果却能从赋予其积极意义方面来解释’。”“悖论” 的产生是需要先决条件的。“悖论首先要有一个‘期待’，还要有一个‘结果’，这个结果还必须与期待相冲突。更确切地说，悖论是一个‘与期待相冲突的事件’、是一个关于特定情节的陈述。”孔乙己，是耐人寻味的怪异的文学形象。从显性的衣着与语言，到隐性的人格，关于孔乙己的方方面面，都充满着“悖论”。由于人物与环境不可调和的矛盾，可以说孔乙己是一组“悖论”的集合。

一、充满“悖论”的衣着

“孔乙己是站着喝酒而穿长衫的唯一的人。”孔乙己刚出场时，鲁迅这样介绍他，可谓一出场就难逃“悖论”的纠缠。这是一个饱含着矛盾感与怪异感的判断句。“站着喝酒”，和短衣帮一致，意味着没有身份与地位；“穿长衫”，标榜自我的文化角色，即斯文的读书人。糅合在一起，表明孔乙己在现实生活中是不被尊重的。然而，孔乙己却坚信自己明明就是有身份与地位的读书人。这就造成了奇怪的割裂感，此即“悖论”，它反映主客观之间存在着尖锐的冲突，两个世界在激烈地碰撞，各自却又神奇地运行着，谁也没能左右谁。结果是，孔乙己照样自傲地穿他的长衫，众人照样是看不起他。孔乙己“穿的虽然是长衫，可是又脏又破，似乎十多年没有补，也没有洗”，对此，我们不难发现，孔乙己有一种偏执的心理，即对长衫有着病态的迷恋。穿长衫固然是体面的，但又脏又破的长衫，却是极度不体面的，那孔乙己究竟是怎样的心态？或许，在孔乙己心中，长衫就是长衫，不是粗布短衣，二者有本质的区别，其本质还与破旧无关；读书人就是读书人，落魄的读书人也是读书人，其本质与是否功成名就，或有真才实学无关，总而言之，“长衫”“读书人”这些标签很重要。孔乙己这样扭曲的心理，虽然在中上层读书人那里难免自卑，但是在底层劳动者面前仍旧难掩优越感与自负之态，这是“衣着悖论”的根本原因。

孔乙己被打折腿了，再来到酒店时，穿的是破夹袄，固然有天冷的因素，但更有着特殊的意蕴存焉。此处，以破夹袄代替长衫，象征着孔乙己作为读书人最后的尊严与体面也无力维护。与此同步，原先尚且可以站着喝酒的孔乙己，颓败到只能以“盘着两腿，下面垫一个蒲包，用草绳在肩上挂住”的古怪形象示人。

这时的孔乙己仍不甘心彻底撕掉“读书人”的身份标签，然而其呈现在大家面前的客观形象却无力支撑读书人的面貌，其境况之惨，甚至还不如底层劳动者，这就是“悖论”。原先在愤懑之际，竭力与人争辩以证明清白的孔乙己，退步到不再强烈地自我辩护，只报之以简短而不流利的残词残句的光景；原先还能惬意地“排”出九文大钱买两碗酒与一碟茴香豆的孔乙己，沦落到只能勉强“摸”出四文钱买一碗热酒，并且有诚信优点的他也困窘到连十九个钱也拖欠许久都不还的状态。而经济状况的急剧恶化，对其人格的消极作用极其强烈，这是造成“悖论”的现实基础。

总之，孔乙己惯以长衫掩饰内心的虚弱与苍白，以其在人前宣示自己所固守的角色，这种艰难而执着，已经发展到心理痼疾的地步。孔乙己难以摆脱衣着“悖论”的纠缠，他的坚守与人们对他身份的期待格格不入。

二、充满“悖论”的言语

孔乙己的言语是晦涩的，总喜欢说一些让大家不明其意的话。鲁迅在描写孔乙己的语言时这样写道：

> “他对人说话，总是满口之乎者也，教人半懂不懂的。”“接连便是难懂的话，什么‘君子固穷’，什么‘者乎’之类。”“这回可是全是之乎者也之类，一些不懂了。”“不多不多！多乎哉？不多也。”

这些言语，是与大众对孔乙己的期待完全背离的，是“悖论”的具体表现形式：

（一）用词生僻晦涩

在日常口语交际中，我们通常讲究通俗易懂，以便能够快捷高效地沟通。“之乎者也”是文言文中常见的语言现象，一般情况下只是在读书人的书面表达中使用，不用于口头。但是孔乙己却反其道而行之，总将文言文的词汇挂在嘴上，这本身就是反常的，错位的，背离了正常轨道，这是浅层的“悖论”。更奇怪的是，孔乙己居然自己不觉得奇怪，反倒是习以为常了，这是深层的“悖论”。

（二）交流不看对象

值得留意的是，孔乙己的话真的很难懂吗？文中直接引述了两处：“君子固穷。”“多乎哉？不多也。”它们均出自儒家经典《论语》。这样的话，在读书人心中早已是滚瓜烂熟，一听就懂。然而，作者有意识地将情境设置为孔乙己对着一群传统文化层次很低的人群（短衣帮们、掌柜、作为小伙计的“我”）讲话，于是便产生“难懂”的感觉。这其实是视角问题，也可以理解为“错觉”或“误会”。而这些，正构成一种“悖论”，使读者对孔乙己的艰难处境有着更深刻的感受与认识。退一步看，孔乙己用有悖于日常交流的词句，倒有自言自语，不求人懂的意味。

（三）姓名莫名其妙

孔乙己只是姓孔，原本的名字被隐去，具体情形，不得而知。其在公开场合流行的名字竟然是拜人所赐，来自“上大人孔乙己”这样文理不通的句子，这正是大家对其语言错位风格的绝妙讥讽，即以名字的“不通”回应语言与现实的“不通”。而有趣的是，他本人居然习惯了这个叫法，没有丝毫反抗的迹象；众人也习惯了。而正是因为各方都习惯了，达成了某种默契，更值得读者深思。对于“悖论”习焉不察，正是“悖论”中的“悖论”。

言语体现的“悖论”，背后指向的是思维与情感，这蕴含着孔乙己自我的固守姿态与众人基于娱乐心态，对其不合常理的“矫治”策略。

三、充满“悖论”的人格

孔乙己的人格也是充满“悖论”的，这一点可以从他关于“窃书”的自我辩护、与“我”及邻居孩子之间的对话，以及文人气充盈的脾性中窥见。

（一）充满“悖论”的自我辩护：关于“窃书不能算偷”

文本中有这样一个细节，当别人说孔乙己又偷了何家的书并被吊着打时，他这样为自己辩护：“窃书不能算偷……窃书！……读书人的事，能算偷么？”说完后，他还有一堆在众人耳朵里难懂的话。“窃书”被孔乙己强调了两次。孔乙己以“窃”字为自己的行为定性。在常人的世界里，“窃”与“偷”，并没有本质上的差异。如果硬要说区别，那勉强可以说

"窃"比"偷"更文雅一些，更能满足掩饰错误的心理需要，也更有一种文字上的炫耀味道——我会用委婉的"窃"，你们只能用直白的"偷"。一桩在大众眼中本来十分丢脸面的丑事，通过孔乙己自以为是的辩解，反而被美化了，变得富有正面的意义，这就是"悖论"。并且，这里先从反面角度用了一个判断句——"窃书不能算偷"，再用一个简短有力的感叹句——"窃书！"，外加一个看似诡异的反问句——"读书人的事，能算偷么？"，造成一种义正词严、真理萦身的感觉，势头唬人。明眼人一听，便知其谬误。然而，孔乙己为什么要这样表述呢？首先，古人云："万般皆下品，惟有读书高。"孔乙己早已深受科举制度毒害，内心将可资猎取功名富贵的书以及与书相关的事物、行为都看得很高尚、很光荣，甚至很神圣。自然，常人眼中可耻的偷窃行为，在读书人那里并不存在，"偷"与"书"是不能联系在一起的。或者至少可以罔顾事实，加以美好的修饰。孔乙己偷书并非一两次，后面重点写他偷到丁举人家，依照互文性的语境，也是在偷书。孔乙己偷书成瘾，其精神与心理已经出现了严重的危机；其次，孔乙己偷窃的对象集中为书，是附带着特殊情感的精神产品，而不是普通的生活实用物品。偷书，也算是"雅偷"，而非"俗偷"。这倒又让读者对其恶感不那么严重，甚至报以几分同情乃至异样的"赞赏"。从读者的角度看，在反常的事件与反常的感受中，也存在着"悖论"。退一步说，孔乙己嗜书如命，也是情怀傍身。他经常性地口吐雅词，也并非全无道理，往往还贴合语境，多少还是有些学问与文化功底。至于始终都没有考中秀才，也许就是造化弄人。

总体而言，孔乙己竭力为自己的过错做出超越常态的辩解，已然不知羞耻，构成了“悖论”。他也不反思，多次被打仍不知悔改，可见其人格缺陷。

（二）充满“悖论”的对话：关于“你读过书么”

孔乙己和“我”之间也有过对话。“有一回对我说道：‘你读过书么？’”这句话，孤立地看，貌不惊人，似乎不值得深究。需要追问的是：为什么孔乙己不问别的，偏偏这么问？一个人的言语内容，背后指向心理结构与思维模式。其实，孔乙己如此提问，恰恰符合人格特征。他几十年来沉浸在书本中，被困在科举考试的圈套里，身心已经为书本所死死束缚，精神世界局限于一隅。他无心也无力去关注书本之外的东西。并且，自认为读过书的孔乙己以此发问，不排除有以学问自负，炫示于人的意图。或者说，也是在试探，在寻找文化上的知己，谋求认同感，填补空虚的心灵。后面又说孔乙己主动教“我”写茴香豆的“茴”字，居然还知道“回”字第四种生僻的写法，可惜没有得到“我”的积极回应。“我”的反应，正好衬托出孔乙己深沉的辛酸与无奈。孔乙己深知自己不能同大人们说话，于是转向小孩子，以为自己朝着纯净美好的世界靠拢了，谁知还是碰了钉子，惹人嫌弃。作为大人，在大人的世界中无法与人沟通，转而与自以为能沟通的小孩子对话，这就是第一层面的“悖论”。

“我”是掌柜眼中“样子太傻”、做事能力差、没有地位的小伙计，却也坠入流俗，同众人一样，打心眼里看不起孔乙己：“讨饭一样的人，也配考我么？便回过脸去，不再理会。”孔乙己在“我”眼里，沦落到与乞丐无异的地步，连考“我”的资格都没有，孔乙己再次碰了壁，而且输得更惨，这是第二层面的“悖论”。

那孔乙己还能找谁说话呢？似乎还有别的孩子们。邻居孩子被笑声吸引，主动凑近并围住孔乙己。这大约激发了孔乙己内心对纯洁无瑕的童真世界的怜爱之情，于是他将本来是下酒物的茴香豆——较为奢侈的食物，分给了孩子们。他身上也有股孩子气，一种难以被社会大染缸彻底污染的纯正心思，在非常艰难地对抗世俗的浊臭之气。社会在严酷地对待孔乙己，而孔乙己却能保持一颗较为纯真的心，外在的世界难以改变他内在的品性，这也是“悖论”。孔乙己后面对孩子们说：“多乎哉？不多也。”这番与情境中浓郁的童真氛围严重分裂与错位的言语形式，直接作用倒是使孩子们一哄而散了，徒留孔乙己承受着永恒的寂寞与孤独。从象征未来之光的儿童身上，孔乙己也看不到于己有益的希望。那拯救孔乙己的力量来自哪里？这就是深刻的“悖论”。

（三）充满“悖论”的脾性：关于“好吃懒做”

文本中刚夸孔乙己有写得一手好字的优点，迅即就出现了让人扼腕的“鲁迅式转折”：“可惜他又有一样坏脾气，便是好喝懒做。”旧时代的读书人，往往沾染一些古怪的文人气，好喝懒做并非罕见的特征，倒是文人气的延续。“好喝”，喝的对象是酒。酒可以麻醉自我，获得暂时的精神解脱；酒也可以烘托文人的浪漫性情，为艺术化生活服务。写孔乙己喝酒，可能兼有以上用意。这酒还是温过的热酒，或许可以借之驱散眼前的寒意——

来自天气的与来自人心的，不过其作用也是暂时而有限的。“懒做”，首先是懒于从事体力劳动，这固然是读书人的传统偏见。其次，孔乙己虽有一手好字，但是替人抄书时，“坐不到几天，便连人和书籍纸张笔砚，一齐失踪”。可见，孔乙己还不仅仅是耻于从事体力劳动的问题，居然连本身有优势的脑力劳动也消极应对。孔乙己不仅过着一种令众人看不起的生活，甚至很可能过着连先前的自己也看不起的生活，却不思改变，这是一种人格缺陷，也是深刻的“悖论”。第四段说孔乙己“身材很高大”，这给人以顶天立地的男子汉大丈夫的感觉，力量感十足，也暗示了他有基本的劳动能力，甚至还可能是劳动好手。后文又陡转几笔，强调了其态度的消极懒散。其本身拥有若干有利的条件，却放纵自己的劣根性，超出了人们的合理预期，这就构成了“悖论”。由于自身的懒，好端端的读书人愈过愈穷，混到将要讨饭的田地，也助长了偷窃的恶习，这确实有点人神共愤的意味。

同时，面对小说的留白点，我们还可以追问，以便补白。孔乙己没有亲戚、朋友、家庭吗？为什么文本中没有半字透露？依据上下文，我们不难发现真相。即孔乙己一辈子没有结婚，没有成家立业，原有的朋友与亲戚也与之渐行渐远，直至形同陌路。马克思说：“人的本质是其社会关系的总和。”那孔乙己作为社会的落伍者与弃儿，其本质则是满满的悲剧，他的存在本身就是一个“悖论”。

为何在孔乙己身上集合了这么多“悖论”？深究发现，僵化的科举制度、庸俗恶劣的社会氛围是“悖论”产生的外部原因。

文本将背景基本圈定在咸亨酒店，而这个酒店就是社会环境的缩影。较之于科举制度，庸俗恶劣的社会氛围对孔乙己的负面意义更为突出。孔乙己自身的劣根性也是“悖论”产生的内在原因。他用怪异的语言、衣衫乃至人格构建的外壳作为自我的庇护所，与其说他艰难地与外部世界抗争着，不如说他安于现状，习惯于活在自己的小天地中，不愿意走出去。细究孔乙己身上的“悖论”集合有何现实意义？在当下的信息时代与多元化时代，整个世界与整个社会都处于上升时期，各种价值观在激烈碰撞与融合，读书人的头脑不再局限于古书，也不再被常规的考试制度所禁锢，而是拥有更广阔的天地供自己施展拳脚。鉴往知来，我们在感知孔乙己悲惨命运的同时，应该为当下的人类文化盛况而深感庆幸，进而激发内在的精神力量，更好地把握学习型社会带给我们的各种机遇，拥抱伟大的时代，实现人生的价值。

参考文献：

廖昌胤. 西方文论关键词：悖论 [J]. 外国文学，2010（5）: 108—115.

（本文已发表在《教育评论与研究》，2021年第3期）

▶ 谁笑？怎样笑？为何笑？

—— 关于孔乙己在病态社会中被群嘲的三个追问

孔乙己身为旧时代的读书人，读了几十年书，仍旧没有功名傍身，未能从科举制度中寻求任何荣耀与庇护，反而因为科场失利被沉重的社会氛围压迫，成为被众人集中羞辱与无情打击的对象。

一、谁笑——嘲弄底层读书人孔乙己的人群

较之于科举制度，残酷冷漠的社会环境，显然是病态的，其对孔乙己的负面意义更为突出。每一个人都是遵循丛林法则的社会环境中的一员，并且几乎都起到了推波助澜的作用，这就使孔乙己的处境变得雪上加霜，无法逆转。

（一）小商人对底层读书人的嘲弄

掌柜是咸亨酒店的负责人，是小商人的代表。古语说：“无商不奸，无奸不商。”文本中“一副凶脸孔”的掌柜有指使下属

往酒里掺水的恶劣举动，还嫌弃“我”做假时不够灵活。此处，已经让读者对其抱有恶感。后面又说掌柜习惯于带头取笑孔乙己，制造乐子，引人发笑，读者对其恶感只会增强。孔乙己被打折腿后进店消费时，连作为熟客的基本尊严也没有了，还继续被毫无人情味而只有铜臭味的掌柜嘲弄。掌柜屡屡提及孔乙己，仅仅是彼此还存在着一丝利益关系，因为孔乙己一直还欠自己“十九个钱”——前后反复絮叨了四次，念念不忘，斤斤计较。当时四文钱一碗酒，这点钱还不够换五碗可能掺了水的假酒。即便如此，它也比孔乙己的性命还重要。可见人心的“冷”，冷到了何种不堪的程度。掌柜在一个喝酒的人那里得知孔乙己被打折腿了，便一再穷追猛问：“后来怎么样？”“后来呢？”“打折了怎样呢？”似乎一直在关心孔乙己。然而，这只是他看热闹不嫌事大的心理作怪，只是他想通过别人绘声绘色的描述，在细节中感受孔乙己的惨状，挖掘笑点，作为今后吸引主顾的最佳谈资。而反观孔乙己，在掌柜不顾其死活执意索要“十九个钱”时，他说：“这……下回还清罢。”孔乙己并未否认欠账的事，并且答应会还，只是时间问题。直到生命进入倒计时阶段，孔乙己仍旧表现出朴素的良知，对比掌柜可憎的面目，强烈的讽刺就不言而喻了。

（二）小伙计对底层读书人的嘲弄

有研究者指出：“《孔乙己》的叙述者是成年的‘我’，视角是少年的‘我’（即小伙计）”，二者有时间上的错位感。鲁迅设置“我”的角色是专管温酒的小伙计，是底层劳动者的一员。温过的酒有一股热腾腾的气息，然而“我”的内心并没有汇聚温暖弱者的热气，而是与流俗一道，参与了冷眼旁观与助势起哄的活动。从年龄上看，“我”涉世不深，半大不小，容易受到外界影响。从角色上看，“我”的事务不太繁重，又处在咸亨酒店进门不远的位置，此处正是孔乙己喝酒的地方——毕竟他不会像其他长衫主顾那样，踱进隔壁的房间，喝酒吃菜。这样的视角与角色，正好为书写与孔乙己相关的场景提供了绝佳的便利。“我”差不多都是伴随着众人的表现去笑话孔乙己，附和着笑声，打发无聊的时光，还没有负罪感。在孔乙己最后一次作为折了腿的残疾人出现在酒店时，虽然未明言“我”像掌柜一般取笑他，但是仍然可以看出“我”反应冷淡而平静，没有明显的悲悯意味。也可见一个人想超脱不良的社会环境，其难度之大。尽管文中通过“我”的嘴，也承认了孔乙己的某些优点，如“他在我们店里，品行却比别人都好，就是从不拖欠”“不出一月，定然还清”。但是，总体而言，“我”与大家保持高度一致，以谈论与取笑孔乙己被众人刻意放大的缺点为寻常可遇的乐事。

（三）底层劳动者对底层读书人的嘲弄

除了“我”，在店里歇脚并应付口腹的底层劳动者对孔乙己也报以嘲弄的态度。孔乙己一进店，面对的是所有人对着自己发笑的场景。人们不管姓甚名谁，都好像是一个人表现出来的举动，如“叫道”“又故意高声嚷道”，心存恶意，且生怕天下人不知道穷困潦倒的孔乙己又遭遇过什么丢脸的事儿。他们喜欢拿孔乙己的偷盗行为大做文章，刻意渲染，反复提及，没完没了；以至于大家早就形成了刻板印象：孔乙己偷了东西，还被打。原本应该出语谨慎的公众场合，措辞中出现“一定”“又”“偷”等荒唐的字眼时，大家却毫不怀疑有假，而是结论跑在事实前边，在心中已经认定孔乙己糟糕透顶的形象。众人合力丑化孔乙己原本就可怜兮兮的形象，集中谈论并放大其缺点，将自我的快乐建立在其痛苦之上。如第六段中，旁人发出这样离谱的怪问：“孔乙己，你当真认识字么？”接着又问：“你怎的连半个秀才也捞不到呢？”让人有一波未平一波又起之感，或者叫连放两支毒箭。这两句都充满了不友好感，简直是赤裸裸的侮辱。问话者面对孔乙己这样的“名人”，心底明明确知他是读过书的，甚至可能饱读古书，毕竟满口之乎者也早就尽人皆知；然而，还拿腔拿调，以挖苦的语气问他。特别是“当真”一词，极具颠覆性，算是当头棒喝。后一句中有两个关键点，一个是“秀才”，一个是“捞”，值得留意。孔乙己读了几十年书，连个秀才也没中，连做穷酸秀才的资格都没有，于是似乎成为笑料就顺理成章了。“捞”字呢？很俗的字眼，捞银子、捞鱼、捞米之类，平日里常用，似也并无不妥。但捞秀才？秀才在读书人心中，那也是美好的词语与身份的象征，岂能冠以“捞”字？但是人家偏偏这么用，那就是有意要亵渎你孔乙己心中纯洁而神圣的事物。进一步说，这也折射出社会庸俗卑劣的心态，即一切无非是“捞”，毫无崇高感，即如秀才也不例外。未中秀才，这是孔乙己最大的心病，隐隐作痛多年，生怕旁人提及。一旦被问及，就“立刻显出颓唐不安模样，脸上笼上了一层灰色，嘴里说些话”。旁人却无情地击中痛处，公然揭短，以此娱乐众人。底层劳动者对底层读书人，似乎本应报以悲悯之心，同病相怜。然而，一切恰恰相反。他们集中将孔乙己作为羞辱的对象，以获取快乐，进而自我麻醉。

（四）中上层读书人对底层读书人的嘲弄

在写丁举人之前，还提到何家，只因为孔乙己偷了书，并被吊着打。这种打法，有细节，还有一种引人发笑的怪异感觉，对人的侮辱性极强。何家有书可偷，并且还敢如此教训孔乙己，可见还有不小的权势。因此，不妨将其视作中上层读书人的代表。而丁举人，更是中上层读书人的代表。那孔乙己偷丁举人呢？喝酒的人用这般语气描述："这一回，是自己发昏，竟偷到丁举人家里去了。他家的东西，偷得的么？"关于事实的评论，有时候比事实本身还耐人寻味。丁举人是拥有比秀才更高一级功名在身的读书人，即使暂不做官，也有令常人仰视的地位。评论者的口吻，正好反映了世人对权势的畏惧而不是对学识本身的敬畏，作为一种社会现象已经相当普遍地存在着。孔乙己也是读书人，却是底层读书人，命运悲苦。丁举人在让孔乙己写服辩之后，滥用私刑，将其"打了大半夜，再打折了腿"，可谓凶残异常。这种过激行为居然出自一位举人之手，作者讽刺与批判的矛头则指向背后的科举制度。该制度选拔出来的社会精英居然是这样的人，实在引人深思。

二、怎样笑——病态社会群嘲读书人的方式与目的

"人性"原本是中性词，如硬币有两面。然而文本中几乎只是展示它阴暗卑劣的一面。通过将孔乙己作为集中羞辱的对象，

人性的偏差，在看客们身上体现得淋漓尽致。

（一）嘲笑——嘲弄读书人的主要方式

文本中，“笑”字出现的频率十分高，凡十二次之多。

1.由掌柜直接诱发的“笑”：“而且掌柜见了孔乙己，也每每这样问他，引人发笑。”“掌柜仍然同平常一样，笑着对他说……”“此时已经聚集了几个人，便和掌柜都笑了。”这些“笑”恶意极深。掌柜是酒店的主子。他的格局主导着店里的格局。很不幸的是，他的格局是狭隘自私的，其人格是猥琐的。

2.来自众人的“笑”：“孔乙己一到店，所有喝酒的人便都看着他笑……”“引得众人都哄笑起来……”“在这时候，众人也都哄笑起来……”这些“笑”恶意较深。“笑”出自众人，众人指谁，作者没有指名道姓，这是一个面目模糊的群体。然而，正因如此，大家在迫害孔乙己时，反倒是没有来自良心的谴责。

3.来自“我”和孩子们的笑：“在这些时候，我可以附和着笑，掌柜是决不责备的。”“又好笑，又不耐烦……”“有几回，邻居孩子听得笑声，也赶热闹，围住了孔乙己。”“于是这一群孩子都在笑声里走散了。”这些“笑”恶意较浅。“笑”出自涉世未深的“我”以及更幼小的孩子们，当然不宜随便做上纲上线式的批判。然而，我们可以原谅其无知，但是仍然不能为其半隐半现的“恶意”做彻底的辩护。

4.首尾部分作者特设的“笑”：“只有孔乙己到店，才可以笑几声，所以至今记得。”“不一会，他喝完酒，便又在旁人的说笑声中……”

这些“笑”使人印象尤为深刻。这里的“笑”，对孔乙己而言，似乎是致命性的，又是人人难辞其咎的。不难看出，作者的这种安排，使孔乙己登场即引来笑声，离场时又是不绝的笑声。孔乙己娱乐了众人，却独自拥抱着痛苦，对比中见残酷。

（二）快活——嘲弄读书人的外显目的

文本中三次出现“快活”：“店内外充满了快活的空气”，在第四段与第六段各出现一次，一字不差；“孔乙己是这样的使人快活，可是没有他，别人也便这么过”，独立为第九段。首先，快活的感觉来自孔乙己之外的看客，制造这种感觉的孔乙己并不快活；其次，虽说孔乙己反反复复地让大家快活，但他只是一个不断制造笑料的呆者与弱者，而不是被认为有地位的人，并不能以此赢得尊重，只会招致无尽的奚落。在众人眼底，孔乙己依旧是可有可无之人，并不具有存在感。正是如此，全文更加笼罩着一层悲剧的氛围。

强调“快活”的第九段独立成段，有突出悲凉意味的用意。其后紧随富含俗世温情的特殊时间节点：中秋。中秋是传统佳节，主题是“团圆”。可是，小说偏偏在此前后安排人间惨剧：其一，“大约是中秋前的两三天”“正在慢慢地结账”的掌柜，从喝酒的人那里得知孔乙己被打折了腿；其二，“中秋过后，秋风是一天凉比一天，看看将近初冬；我整天的靠着火，也须穿上棉袄了”，人间团圆喜庆的气氛还未散去多久，在寒凉的环境中，孔乙己以告别者的悲情姿态意外出场，感受自然与社会带来的“双重寒意”。孔乙己作为被损害的对象，将“快活”留给别人，却独自承受种种“不快活”。

三、为何笑——底层读书人成为社会群嘲对象的归因

（一）我因

孔乙己作为读书人，直到最后仍然没有考中秀才，理想与现实之间存在着巨大的落差，这当然是大伤尊严的残忍事实。他又不能退而求其次，放下脸面，主动与普通的劳动者为伍。他“不会营生”“于是愈过愈穷，弄到将要讨饭了”。读书人与讨饭者之间，原本有天渊之别，但是高不成低不就的孔乙己居然一路堕落到如此不堪的地步。这背后有着太多酸楚，只是被作者留白处理。可以想象，读书与考试耗费了他人生中最宝贵的时光，到头来只留下“一部乱蓬蓬的花白的胡子”，不仅“连半个秀才也捞不到”，还糊口乏术，连基本的生活能力也没有，这就等于说还不如普通劳动者了。孔乙己的情感模式、思维方式、人格特征都被深深烙上了具有科举色彩的印记，无法摆脱。以儒家经典为代表的古书已经彻底局限了其精神世界。他张口闭口之乎者也，一直舍不得脱下那又脏又破的长衫，被人揭了疮疤还强做辩护，以致引发更大的笑话。他个性迂腐，不通实务。书本将其与现实世界狠狠地隔开，以致他不明白小伙计与掌柜还有不啻十万八千里的距离。本来人应当“穷则思变”，境况已经非常糟糕的孔乙己居然还以“君子固穷”的信条为自己辩护，不思进取，无心也无力去改变现状。儒家经典成为他的精神鸦片。他骨子里尽管对于与读书相关的笔墨纸砚书有着发自内心的热爱，却难改偷窃的

怪癖。同时，因为连秀才的身份也不具备，他根本就无法融入读书人的圈子，特别是无法融入中上层读书人的圈子，还因为“窃书”被诗书之家何家欺辱（“吊起来打”），并被丁举人使唤下人痛打一顿，以至于被打折了腿，使其肉体死亡与精神崩溃的进程加快。作为底层读书人，孔乙己成为社会群嘲的对象。

（二）他因

不妨说，文本中反映的社会也是一个丛林社会，其基本特点是弱肉强食。它是病态的，也是反文明的。在这样的语境中，作为底层读书人代表的孔乙己，不知不觉间，成为所有人公认的最弱的一员——即便事实也许并非如此。大家不分阶层，不分职业，也不分年龄，对孔乙己都报以奚落、打击之能事，甚至无所不用其极。在文本所营造的病态的社会情境中，我们找寻不到多少善良、真诚的元素，感受不到温情脉脉的一面，而是不得不直面冷冰冰的现实。这里，免不了有人性的弱点使然，还有时运嬗变带来的命运转移，如科举制的没落乃至废止对底层读书人的精神打击。当然，孔乙己身上的劣根性，在客观上也助长了众人对他的欺凌之势。

总之，处于病态社会中的“孔乙己”，处处感受到碰壁带来的挫败感与苦闷感，在各种外在的压迫下，他艰难地活着，最后又彻底退出舞台。他的一生，在众人眼里，毫无正面意义。

参考文献：

曹刚. 探索文本解读的路径 [M] . 上海：上海教育出版社，2020.

▶ “诫”之三问：是什么、为什么和怎么做

家书是中国传统文化的重要元素之一，它博大精深，凝聚着写作者的情感、思想与智慧。“明末清初文学家黄宗羲曾说过：‘至文不过家书写。’诸葛亮写《诫子书》时已经54岁了，不久后就病逝五丈原，这封家书便成了一封遗书。”已经步入老年并接近生命终点的诸葛亮，以“老父亲”的角色，通过文字与儿子对话，将无限的爱意与深沉的警示浓缩在极其简洁的文字中。

一、《诫子书》中的“诫”

（一）“诫”什么

“诫”为形声字，言字旁，戒声。《说文解字·言部》解释：“诫，敕也。”而“敕”，则有“告诫”与“叮嘱”的内涵。因为它含有一种强制的意味，往往指上对下有所警告或约束，所以，后来也特指皇帝的命令或诏书。在中国漫长的历史时

代，父子关系是社会关系网中非常重要的一环。父子，在情感纽带上是血缘关系极其密切的，属于直系亲属，但在道义角度又常常与君臣关系相似。父亲在子女面前往往有绝对的权威，子女对父亲往往只能服从。

身为老父亲的诸葛亮对年幼儿子的训诫，正是晓之以理，动之以情。

文本第一句是“夫君子之行，静以修身，俭以养德”，它统领全篇。“‘君子’一词，由来已久。西周赋予君子德行内涵，因此成为理想道德的象征，也是智慧和规范的表达，后来儒家推崇的大丈夫就是君子人格的体现。”作者开头就说“君子”，反映了他对儒家观念的认同。简言之，书信的最终情感与价值，指向的就是希望儿子继承君子之风。

而“静以修身”与“俭以养德”之间是互文关系，即“静”与“俭”在修身养德方面均具有关键的作用。“这‘静’和‘俭’互为因果，不‘静’承受不了‘俭’，不‘俭’也难以入‘静’。”“静”与“俭”是相互补充的，都在客观上要求人做事情有原则，不乱作为，不放纵欲望，而要始终节制自我。相较于“俭”，“静”字贯穿全篇，一字可立全篇。

静，甲骨文为，左边是，“青草”的“青”，但是它表达的是“清”的意思，指纯净。右边是，像一只手，这是“争”字，“争执”的“争”，表示用手去抓，全力以赴地去寻找“宁静”和“清静”，这就是“静”最初的意思。后来慢慢引申为内心的安定；后来又有了比喻义，指没有噪声，环境很安静；最后引申为内心无杂念的、无噪声的。文中的“静”字，以上三种含义皆有，内涵丰富，意蕴深厚。“俭”是形声字。从人，从佥，佥亦声。“佥”意为“两边”“两面”。“人”与“佥”联合起来表示“在人前人后都言行一致、厉行节约的人”。它的本义是指“生活上自我约束，从不放纵的人”，后来引申理解为“节省、节约”。所谓“俭”，一定是人前人后都能做到节约的人，人前人后一个样，实为诚信，为君子所为。

总之，“诫”的核心就是“静”和“俭”，诸葛亮希望儿子最终能够成为“君子”的化身。

（二）为什么“诫”

1.从诸葛亮的角度看

诸葛亮在中国历史上，特别是在民间历史书写中，拥有崇高的地位，是智慧的代名词，也是践行“忠诚”这一核心价值的杰出代表。诸葛亮，在通常的视域中，是以满足宏大叙事需要而存在的，他既是刘备白帝城托孤事件的主角之一，又以“仲父”身份辅佐后主刘禅，对内主持大局，对外开拓事业。同时，在异常重视家庭伦理的传统中国人那里，修身、齐家也是重要的功夫。在家庭内部，诸葛亮也扮演着重要的角色。对诸葛瞻的教育，他同样没有放松。而且，按照儒家的理念，修身、齐家、治国、平天下，原本就是一体化的，而不是截然分割的。为此，深受儒家传统文化浸染的诸葛亮，对儿子诸葛瞻进行符合儒家规范的训诫，也是情理之中的事情。

2.从诸葛瞻的角度看

与诸葛亮相比，诸葛瞻对于今人而言较为陌生。“《三国志》

《华阳国志》等史书，对诸葛瞻父子的事迹，作有比较详细的叙述。诸葛瞻字思远，为诸葛亮四十七岁时所生长子，自幼‘聪慧可爱’，‘工书画，强识念’，才识敏捷。”诸葛瞻小诸葛亮四十七岁，属于幼子对老父、父子似祖孙的特殊伦理现象，年龄的悬殊容易引发长辈对晚辈的担忧，也更能激发长辈对晚辈的关怀之情。年幼的儿子，正处于身体成长与人格成长的关键时期，在客观上也迫切需要父亲的引导与告诫。诸葛亮对其有老牛舐犊之情，有殷切的期盼，兼有严厉的要求。作为国家重臣与天下名士，诸葛亮自然希望儿子以过人的素质继承家业，进而为国效力。

（三）怎么“诫”

诸葛亮以“君子”为灵魂，经由特殊的言语形式，紧紧围绕着“静”字展开。

1.双重否定句与对偶句融合

“非淡泊无以明志，非宁静无以致远。”这是一个典型的双重否定句，同时也是一个对偶句。双重否定句，通常能烘托情感，给人以深刻鲜明的印象。吕叔湘《疑问·否定·肯定》一文中就曾说过：“双重否定或者加强肯定，口气更坚决……但更多的是减弱语气，口气比较缓和。”从《诫子书》产生的情境看，心劳力拙的诸葛亮已经不忍苛责幼子，于是减弱语气对其进行训诫，拳拳爱子之心，溢于言表。“淡泊”是“明志”的前提条件，“宁静”是“致远”的前提条件，“明志”与“致远”是目标。这个非常抽象的说理句所表达的观点，是难以让一个幼小儿童理解和接受的。作者借助对偶句来表达，句式优美，读起来朗朗上口，则便于孩子接受和记忆。爱子心切，乃人之常情常态，然而爱子也需得法。《战国策》的名言说："父母之爱子，则为之计深远。"可以想象，《诫子书》正是诸葛亮着眼于长远，对诸葛瞻一生做人做事方面做出的具有整体框架意义的训导，并不是仅仅满足于一时一地的教育需要。

2.正面言说方式与反面言说方式融合

如"夫君子之行，静以修身，俭以养德"，直接陈说，要言不烦，提纲挈领，高度浓缩，不失为警句。再如"夫学须静也，才须学也"，简练有力。再如"淫慢则不能励精，险躁则不能治性"。"淫慢"与"险躁"源于背后值得警惕的心理状态，是两种不良的行为倾向，也会导致负面结果，妨碍"君子"这一人格的成长。"年与时驰，意与日去，遂成枯落，多不接世，悲守穷庐，将复何及！"这是全文的末句，也是从反面角度进行论说。其中强调了"年""时""日"三个时间概念，充满了时间的紧迫感，这与诸葛亮当时自感将不久于人世的现实密切相关，也与古人普遍寿命较短有关。儒家力主入世有为，"多不接世"指大多对社会没有任何贡献，自然是一种消极的状态，这也是出山积极辅佐刘备与后主的诸葛亮极不愿意看到的结局。一个"悲"字，又是身为老者与智者的父亲，面对蹉跎岁月的无限感慨。"将复何及"结尾四字，袅袅之音尽在言外。

作者将正面言说与反面言说紧密结合，以正面言说起头，以反面言说为主体，避免了角度的单一化，体现了变化之美。同时，按照人之常情常理，就表达效果而论，正面言说的方式往往不如反面言说的方式有力。作者有意识地屡屡就反面而言，就容易使人警醒，给人以深刻的印象，更好地起到“诫子”的作用。

3.紧紧围绕“静”字展开

诸葛亮写《诫子书》时，已经五十四岁了。此时的他为了蜀国鞠躬尽瘁，几乎快要耗尽精力与才智，也对人生怀有较为透彻的认识。久阅世事又智慧在胸的诸葛亮，持守“静”的姿态，既契合个人生命节律的特点，也符合中国传统文化主“静”的基本特征。传统文化长期根植于农耕文明中，主“静”不主“动”。诸葛亮以年老体衰之态，对尚值冲龄的儿子进行教育，既反映了其个人在特殊的年龄段所展现的心理结构，又具有农业社会所孕育的特点。“非宁静无以致远”，早已成为国人修身养性的经典格言，只有坚守“静”字才能生发真正的智慧。“险躁则不能治性”，“险躁”，是与“静”相反的状态，是需要规避的成长误区。

在呕心沥血地辅佐后主刘禅的十余年间，诸葛亮自身倒是并未在人格上恪守“静”的规范，而是表现出具有法家特征的好“动”的一面，积极建功立业，深合外王之道。典型如军事上采取“以攻为守”的策略，刻意进取，连年征战不断，因此，很大程度上也消耗了蜀国有限的实力。其生命最后日子里完成的《诫子书》，映射着较为真实的心理图像，反映着生命哲学的反转，结合其生平轨迹，我们不难感受到诸葛亮内心深处的反思。他似乎不想看到儿子以及他人效仿自己好“动”的一面，而是坚守以“静”为特征的君子之风，稳健而行。

二、中国古代文化中的“诫子”现象

在中国文化中，父子关系紧密而特殊。在注重家庭伦理的文化背景里，父亲的责任意识与使命感强烈，对于文化精英而言，这一点表现得尤为明显。

古文中有周公诫子的故事。原文说：“成王封伯禽于鲁。周公诫之曰：‘往矣，子无以鲁国骄士。吾，文王之子，武王之弟，成王之叔父也，又相天子，吾于天下亦不轻矣。然一沐三握发，一饭三吐哺，犹恐失天下之士。吾闻，德行宽裕，守之以恭者，荣；土地广大，守之以俭者，安；禄位尊盛，守之以卑者，贵；人众兵强，守之以畏者，胜；聪明睿智，守之以愚者，哲；博闻强记，守之以浅者，智。夫此六者，皆谦德也。夫贵为天子，富有四海，由此德也。不谦而失天下，亡其身者，桀、纣是也。可不慎欤！’”周公是孔子所推崇的儒家理想人格的化身。周公尽心辅佐侄子成王而并未僭越，因此，具有崇高的地位，这是周公在国家层面展现的良好的公众形象与历史形象。封建亲戚，家国一体。周公对儿子伯禽的训诫，不仅有家庭意义上的规训，而且有政治意义上的考量。周公现身说法，引导儿子体会“谦德”的重要价值。

清代曾国藩也有不少与“诫子”相关的文字，如：“世家子弟最易犯‘奢’字、‘傲’字。不必锦衣玉食而后谓之奢也，但使皮袍、呢褂之类俯拾即是，车马仆从习惯为常，此即日趋于奢矣。见乡人则嗤其朴陋，见雇工则颐指气使，此即日习于傲矣。京师子弟之坏，未有不由于‘奢’‘傲’二字者。尔与诸弟戒之，至嘱至嘱！”曾国藩在家书中紧扣“奢”与“傲”字，从反面做文章，视“焦躁”为值得警惕的状态，表现了其深受儒家思想影响的严格律己与律人的精神风貌。

按照费孝通的观点，中国的人际关系具有差序格局特征，以自我为中心向外扩散。“诫子”的范围，也不限于子女，还包括子侄辈的人。如东汉马援对侄子们的告诫：“援兄子严、敦并喜讥议，而通轻侠客。援前在交趾，还书诫之曰：‘吾欲汝曹闻人过失，如闻父母之名，耳可得闻，口不可得言也。好议论人长短，妄是非正法，此吾所大恶也，宁死不愿闻子孙有此行也。汝曹知吾恶之甚矣，所以复言者，施衿结缡，申父母之戒，欲使汝曹不忘之耳。’”马援针对侄子们“喜讥议，而通轻侠客”的不足之处，表达了鲜明的态度：“此吾所大恶也。”对自己的侄子尚且费心教诲，对子女的教诲就更不用说。

无论是诸葛亮，还是周公、曾国藩、马援，均无一例外十分注重对子侄辈的训诫。以上资料，让我们发现“诫子”文化是中国文化中不可忽视的一部分。遵从儒家的思想与实践，在行为规范方面对子侄辈进行悉心教导，是中华民族引人注目的文化风景。

三、“诫子”文化在当代的积极意义

在当前的新时代，社会急剧转型，传统的家庭伦理关系受到强烈冲击。然而，“诫子”文化仍旧具有正面的意义。

习近平指出：“帮助孩子扣好第一粒扣子，迈好人生的第一个台阶。要在家庭中培育和践行社会主义核心价值观，引导家庭成员特别是下一代热爱党、热爱祖国、热爱人民、热爱中华民族。”“第一粒扣子”与“第一个台阶”是社会流行的形象性的说法，这正好也反映了全社会对人的早期教育的重视。习近平指出要在“家庭中”努力，这与“诫子”的内涵是契合的。他强调的“社会主义核心价值观”与四个“热爱”，也非常符合中国人注重人格养成、突出做人品格的传统。

《义务教育语文新课程标准》（2011年版）在“总体目标与内容”中也突出了文化的力量，指出要“认识中华文化的丰厚博大，汲取民族文化智慧”。“诫子”文化为良好家风的传承提供了动力与依据，也是中华文化的重要组成部分，反映了民族文化特色。作为一种宝贵的精神资源，我们有责任去挖掘，将其弘扬下去。在具体的“诫子”实践中，我们应当妥善继承传统文化的优秀基因，将其与当代社会的人文精神进行融合，注入新的有利元素，以培养合格的公民。

参考文献:

［1］邓淑琦. 至文不过家书写，言传身教续家风——谈《诫子书》批判性思维与家风传承[J].语文教学之友，2020（1）:13—15.

［2］许慎. 说文解字［M］.北京:中华书局，2013.

［3］黄震云. 诸葛亮给儿子上的“最后一课”——《诫子书》阅读与欣赏[J].名作欣赏，2018（11）:113—116.

［4］张存平. 修行之法门　生存之智慧——诸葛亮《诫子书》解读[J].中学语文教学，2019（6）:53—55.

［5］宁志奇. 绵竹诸葛瞻父子墓祠[J]. 四川文物，1985（3）:32—34.

［6］戴宁淑.双重否定句修辞分析的缺憾 [J]．语文建设，2005（2）:52.

［7］韩婴. 韩诗外传［M］北京：团结出版社，2020.

［8］曾国藩.曾国藩家书［M］.檀作文，注. 北京:中华书局，2017.

［9］范晔.后汉书·马援列传［M］.北京:中华书局，2012.

［10］屈亚. 学习习近平关于领导干部家风建设的重要论述[J] .党政论坛，2020（12）:8—10.

（本文已发表在《语文教学通讯》B刊，2021年第32期）

▶ “笑”感缘何而生

《动物笑谈》节选自《所罗门王的指环》，作者是奥地利动物行为学家、科普作家康拉德·劳伦兹，1973年诺贝尔生理学或医学奖获得者。本文是作者基于科学精神写就的科普作品。与其他作家同类文章不同的是，本文并不局限于以通俗的文字公布科学研究报告，而是潜藏着一股股强烈的“笑”感，趣味性浓。

一、角度互换生成“笑”感

作者既从人的角度记录动物，又从动物的角度反观人，角度互换生成“笑”感。“笑”，既有在动物行为观察过程中对动物善意而透明的“笑”，也有参照人类行为，暗含于其间对人类的带有揶揄意味的“笑”。前者着眼于科学实证本身，是显性的；后者则以人文进行观照，是隐性的。

（一）显性：从人的角度记录动物

从人的角度记录动物，本是身为动物行为学家的作者的常态工作与寻常视角。在《动物笑谈》中，作者集中记录了两种动物的行为，水鸭与鹦鹉。作者倾注了热情与智慧，对客观存在的动物行为做了精准的记录。

如写水鸭的缘由是“想要解释存在我心中已久的疑问”，强烈的好奇心与问题意识驱动着作者去探究。如将“把一堆水鸭蛋拿给一只麝香鸭代孵”，与“让农场里的一只胖大白鸭代孵”进行比较，作者初步猜想“关键一定在母鸭的叫声上”。为了小心地求证，作者着手于进一步的实验，最终确定“新出世的雏凫只对母鸭的叫声有本能的反应”。再如，作者记录鹦鹉的目的，并非如前者那样去验证什么结论，而是表现鹦鹉在被收养后的惊人变化以及其间显露的动物行为背后的机制。作者在德文版序文《这都是基于动物之爱》中写道：“为了能够确切描写动物的故事，一个人必须对所有的生命，都怀有一份发自内心的真感情。这点你们完全可以放心，我就是这样的人。”作者的文风与人品都带有鲜明的坦率真诚的特征，而这正是他的科学观察与科学研究工作得以推进的关键点之一。

（二）隐性：从动物的角度反观人

在做水鸭实验时，作者假装母水鸭，调整了角色，也就调整了思维与视角。这时，作者发现了动物界被遮蔽的一面。作者刚开始学母水鸭的叫声，就赢得了小水鸭们的信任，动物的信任感这么轻易地就建立起来。反观人的世界，文明日新月异地演变着，引以为傲的业绩越来越多，彼此却缺失基本的信任，导致我们的社会运行成本越来越高，这不能不说是文明的悲哀。“要是这时我不继续叫唤，它们就要尖声地哭了。好像只要我不出声，它们就以为我死了，或者以为我不再爱它们了。”这里点出了“哭”与“爱”，都指向情感价值。小水鸭在作者眼里，尚且是富有灵性的动物，毫不掩饰自己的情感，渴望获得对方的爱。而人呢？常常被功利蒙蔽，竭力去掩饰自己的真实情感。与动物打交道，也是人心净化的途径，大约这是劳伦兹沉醉于动物世界的原因之一吧。

在与鹦鹉相处的过程中，作者的做法也能引导读者反观人。作者将鹦鹉从被禁锢的环境中解救出来，促使它逐步克服心理障碍，其精神面貌焕然一新，变得神采奕奕，甚至对作者依恋起来。鹦鹉尚且能对人报以信任，建立和谐的关系，人与人之间却多是互相防备，骨子里是难以摆脱的孤独感。我们习惯于说“人是宇宙的精华，万物的灵长”，但是在许许多多的方面却要向动物学习。

在以上两种角度互换过程中，作者的“笑谈”恐怕还带有对人的某些揶揄与警示。动物行为研究，永远不会只是单纯地研究动物本身。研究者会十分自然地，有意无意地将动物的行为作为镜子，引导读者反观人的行为，进而获得某些有益结论，给人以启示。沉浸在对动物的研究活动中，同时观照人的活动，能获得更多的“笑”感。

二、漫画式的表达生成“笑”感

本文是具有纪实风格的科普作品。这类文章首先自然是追求科学性，但在作者看来，犹嫌不够。他还注重文笔的可读性，借用漫画式表达，即在表达中引入漫画的元素，如游戏感与夸张感，增强幽默意味，以达到更好的效果。

（一）游戏感

1.曲解法

曲解法是故意绕开基本事实，进行貌似不合情理的解释的叙述方法。如，“这只鹦鹉还有一样好把戏，可以跟猴子和小孩子的丰富想象力比美，也许是因为它对我母亲的热爱而触动了灵机吧”。事实上，正常而言，鹦鹉的想象力是比不过小孩子的，这只鹦鹉表现出好把戏也不大可能是因为热爱“我”的母亲——说它热爱“我”反倒是更确切些。但是，完全按照真相去写，容易显得索然无味。作者使用的曲解法，虽是游戏之笔，倒正好涉笔成趣，使“笑”感得以强化。

2.岔断法

岔断法是故意岔开话题原有的核心，转移到新的核心再陈说的叙述方法。如，“我们家的客人常常会在这棵树前一站半天，想不出我们为什么把它打扮成这个模样，也不知道我们是用什么法子把毛线缠上去的”。上文刚刚写“可可”如何用毛线将整棵树缠起来，紧接着就写客人的奇怪举动。客人的疑问，只要

“我”一揭开，就很容易消除，然而，这样处理，“笑”感也会弱化。作者在这里有意撇开了“我”的解说，直接强调客人“一站半天”的异常举动以及对“我”家人的误解——以为这是人的行为。如是处理，经由游戏之笔，“笑”感就在字里行间冒出来。

（二）夸张感

1.夸张的诗句

作者在得出“如果我要小凫跟着我走，我得学母凫一样叫才行”结论之后，十分自然地引用了德国诗人、画家布什的诗句：“他在脖子上挂个铃铛，嘴里发出哞哞的叫声，小牛就以为他是母牛。”作为最佳写照，可谓信手拈来，恰到好处。人毕竟是人，但在布什笔下，人仅仅因为模仿了牛，就被小牛误以为是母亲。夸张感的背后是深厚的文化涵养所赋予的智慧，而这也反映了作者平时即便读诗，也高度关注与动物行为相关的文字。这一细节，正好折射出作者身为动物行为学家的专业敏感与专业素养。

2.夸张的自我调侃

文中有两处这样的表述：“如果不是因为我出了名的无害于人，大概老早就给关进疯人院了。”“另一次我差点儿被关进疯人院里，这得怪我养的那只黄冠大鹦鹉‘可可’了。”作者前后两次提及“疯人院”，一次说“大概老早”，另一次说“差点儿”，似乎疯人院就该收治自己这般怪异的人。事实上，作者一直都不在疯人院。这种“自由”的状态以及对自我品性的正确把握，让他能够进行夸张的自我调侃，横生“笑”感而无伤大雅。

3.夸张的语调

夸张的语调有时也能表达出特殊的幽默效果。例如，“老天！这不是可可吗？它的翅膀稳定地动着，不是很清楚地表示它正要去做长途飞行？”这是六月的周末作者在车站意外发现“可可”时的反应。一个简短的感叹句紧紧连着两个反问句，将当时那种惊讶、疑惑又激动的复杂心理状态揭示出来。与其说我们看到了奇怪的场景，不如说我们留意的是作者夸张的、能增进“笑”感的语调。

（三）与读者互动法

作者跳出文本本身，与虚设的读者对话，也是可以增加幽默效果的。例如，文中的“我怎么办？该不该喊它一声呢？对了，你听过黄冠大鹦鹉的鸣声没有”，是作者自己的心理描写。在公众场合，作者想要用自己独特的方式与“可可”沟通，一方面对飞得高的“可可”是否听话表示怀疑；另一方面对身边的众人将可能会出现的反应表示担忧。陷入尴尬之际，作者引入读者，以一种与读者互动的姿态讲述着。将读者带入情境之中参与活动，更有一种指向“笑”感的妙处。

总之，作者借助漫画式的表达，经由富于夸张感与幽默感的语句，并通过与读者互动的方式，生成“笑”感。作者的手法呈现出多样化的特点，表达效果也具有超越性。沉浸在这样可读性强的科普著作中，读者既能领略动物行为的有趣之处，还会为作者的行文风格与精神面貌所深深折服。

三、科学精神映射生成“笑”感

倾注科学精神是科普作品的道德逻辑起点。作者的科学精神能引发关于崇高感的情感体验，同时科学精神偕同错位感一道，映射出“笑”感。总体而言，崇高感是基础，为错位感做好铺垫，错位感是对崇高感的某种调节。二者结合，使文章更有艺术的张力。

（一）崇高感

崇高感，主要源于作者基于科学精神且对真理的不懈探求，这是人格升华的产物。

在研究水鸭子的过程中，作者流淌出这样一句话：“为了探求真理，也只好忍受这种考验了。”前半句，指向一种伟大的使命感，使人顿觉崇高感。后半句，字面上有抱怨的味道，其实只是一种戏笔。而贯穿全文乃至全书的，正是“探求真理”四个字，这是作者高度自觉的行为。作者在德文版序文《这都是基于动物之爱》中还写道：“为了研究动物行为，你必须和活生生的动物建立亲密关系；你还得具有超人的耐性——若只是为了理论研究的兴趣，实在不足以维持你的耐性。”必须和动物建立亲密关系，而且还必须具备超人的耐性，这两条考验，在作者看来，都是为了满足研究动物行为的需要，这是作者的经验之谈。事实上，作者也是严格照做的，如“我原和小鸭子一样匍匐在草中，后来我逐渐换成坐的姿势”，因为实验受阻，作者临时又“不得不蹲着走”，“我不但得蹲在地上爬行，还得不停地嘎嘎地叫”。这样的考验，显然不是寻常人能够接受的。作者却不避麻烦，一一完成，最终得到满意的实验结论。

在与鹦鹉“可可”相处过程中，作者一以贯之，也是在“探求真理”。由于“可可”之前还有特殊的灰暗经历，即因为长期被禁锢而受到精神上的虐待，作者在买下它之后，就给予它非常多的自由。从文本中看，“可可”精神状态明显好转之后，不但会飞得很远，“有好几次迷了路，回不了家”，而且还不时制造“恶作剧”，如将“我”父亲裤子上的扣子全咬下来，将母亲织毛衣用的线团缠绕在树上。尽管“可可”的行为很容易失控，按照常人的看法，是只坏鸟，但是作者仍然充分尊重它的自由，既能探究真理，还能发掘乐趣。

（二）错位感

1.书名与内容的反差形成错位感

凡读《动物笑谈》文本者，几乎都对它的原书书名感兴趣。“为什么书名叫《所罗门王的指环》？劳伦兹说：‘根据史料记载，所罗门王能够和鸟兽虫鱼交谈。这事我也会，虽然我比不上所罗门王，能够和所有的动物交谈，而只能和几种我特别熟悉的动物交谈。这点我承认，但是我可不需要魔戒的帮助，这点他就不如我啦！’”原书名本身就与书的内容之间存在错位感，因为内容并非真的在写“所罗门王的指环”。作者在解释的时候，以诙谐而自信的语气强调自己的独特之处，这也是一层错位感，毕竟这是有意识地突出了现实中的自己与传说中的所罗门王的巨大差异，使人印象深刻。较之《动物行为研究》之类直白普通的书名，《所罗门王的指环》因为附着特殊用意显然更加耐人寻味。

2.主体与环境的相悖形成错位感

当主体与环境相悖时，错位感也就产生了。文本中能体现错位感的细节较多，如在做水鸭子实验时，“我带着那群小鸭子在我们园里青青的草上又蹲又爬又叫地走着”，心中还因为小鸭子们服从而暗暗得意，孰料，“我”猛一抬头时发现，“园子的栏杆边排着一排人，他们全都脸色煞白”。作为活动主体的“我”与鸭群，与承载着突然出现的观光客的环境，是相悖的。更有意思的是，“我”接着还原情境，以一种特殊的客观的视角反观自我——“一个有着一把大胡子的大男人，曲着膝，弯着腰，低着头在草地上爬着，一边不时回头偷看，一边大声地学着鸭子的叫声”。这里，错位感有两层：一是“我”无意中感觉到了错位感，看到了自我与环境相悖；二是“我”明明已经确认了错位感的存在，却并未中止自己的行为，回到常人认为的“正常”的轨道之上，反倒是保持原有的行为。“笑”感，在这里也就有层次感了。

再如，在“我”坐火车回到艾顿堡时，因为要召唤高飞在上的“可可”，“我”略作迟疑之后，就“用尽全身之力，把嗓门憋得尖尖的，发出‘哦——啊’的叫声”。公开的场合，是特定的环境，作者有意去打破在这种环境的行为规范，做出与环境相悖的举动，导致“我四周的人一个个都像生了根似的定在那里”。行文至此，“笑”感产生。而后令众人惊异的事再度发生，“可可”如我所愿，安全地停在了“我”的手臂上。错位感，在这个经历中，又巧妙地达到圆满的结局。

总之，《动物笑谈》带给读者的“笑”感是多方面的，读者也很容易在笑声中读完文本，“笑”感在《所罗门王的指环》的整本书中普遍存在。更重要的是，透过表面的“笑”，不难发现作者忘我的、超凡的科学精神，与敏于实践的行动力，以及对动物倾注的深厚情感。当然，回归最朴素的情感起点，还是科学家与动物打交道过程中所感受到的种种乐趣，以及这种乐趣的传递。

参考文献：

康拉德·劳伦兹.所罗门王的指环[M]．游复熙,季光容,译．北京：中国和平出版社，2003.

（本文已发表在《中学语文教学》，2022年第1期）

▶ 回忆性散文的材料选择和组织

——《回忆鲁迅先生》一文的另一种价值

萧红回忆鲁迅，源于彼此的生活与思想有令人追怀的交集。“萧红与鲁迅初次见面虽然是在1934年11月30日，然而早在中学求学时期(1927年至1930年)，萧红就是鲁迅作品的忠实读者。”萧红与鲁迅直接的交往时间并不漫长，时间起点距离鲁迅辞世不足两年，萧红可谓见证了鲁迅生命的最后一段时光。同时，鲁迅对萧红精神世界的影响则可以追溯至更久的过往。我们可以在更长的时间轴上审视鲁迅与萧红的交往史。我们知道，鲁迅是“文学家”“思想家”“革命家”，同时鲁迅对青年人也是热情帮助的。“对于萧红的关怀和提携，就是鲁迅挚爱青年，培养青年的一个生动事例。不过，在鲁迅接触的青年中，鲁迅给予萧红的‘母性’的爱又似乎更多一些。”鲁迅在文学上与生活上对萧红的爱护与扶持，早已超越文坛佳话的范畴，受到学者们的关注。在鲁迅去世后，萧红留下了若干回忆录，如1937年发表的《鲁迅先生记（一）》与《鲁迅先生记（二）》。而《鲁迅先生生活散记——为鲁迅先生三周年祭而作》《记忆中的鲁迅先生》《记我们的导师——鲁迅先生生活的片段》《回忆鲁迅先生》等文章则均发表于鲁迅先生逝世三周年前后。编入教材的《回忆鲁迅先生》只是节选，尽管如此，我们也不难从中发现萧红在写名人中展现出的写作价值。

一、材料的属性决定了散文的品质

材料是写作的基础。选材是重要的，也是有讲究的。材料的私密性、日常性与细腻性，彼此渗透，共同决定着材料的价值。萧红将琐碎的材料、逻辑性不强的材料、貌似无关宏旨的材料串起来，构成了完整的篇目，看似零散，却指向情感的集中性，那就是对不乏人间烟火气与人情味的鲁迅先生的无限热爱、感激与怀念。

（一）材料的私密性

鲁迅生前身后，关于他的非虚构类材料可谓多矣。然而，往往私密的材料更加可能引发众人关注，并具有较大的价值。萧红的回忆性文字便具有私密性。

私密性离不开萧红与鲁迅一家的密切交往过程。其间，连许广平曾经也忍不住向梅志诉苦："她天天来一坐就是半天，我哪有时间陪她，只好叫海婴去陪她。我知道，她也苦恼得很……她痛苦，她寂寞。没地方去就跑到这儿来……"诉苦之词，当然可以引发多重解读，它恰恰也反映了彼此交往的频繁，更反映了萧红在精神上对鲁迅一家的无限依恋。依据频繁而深入的交往，萧红得以窥见常人难以发现的鲁迅，并留下私密的材料。

如“一双拖鞋停在床下，鲁迅先生在枕头上边睡着了”，这样的场面，是较为隐秘的，除了许广平，外人很难接触到，萧红却借助交往的便利捕捉到“文化战士”鲁迅生活的细节；再如，“在工作之前，他稍微阖一阖眼睛，燃起一支烟来，躺在床边上”，这里写的是鲁迅的工作习惯，稍微闭目养神之后，手上离不开的是烟，然后小憩一阵子。闲笔不闲，每个看似不起眼的动作背后都与人物的气质或明或暗地联系着。

文本中常常提及鲁迅夜晚工作的场景，也属于私密的材料，就有种深刻的寓意。“有时许先生醒了，看着窗玻璃白萨萨的了，灯光也不显得怎样亮了，鲁迅先生的背影不像夜里那样黑大。”“鲁迅先生背影是灰黑色的，仍旧坐在那里。”诸如此类的文字，环境的清冷与人物的坚守，形成鲜明的对比与反差。萧红刻意去写鲁迅夜间工作到天亮的场景，很可能是平时反复见证过，印象深刻，才形诸笔端。鲁迅在黑夜之中坚守，以笔为武器，直至天明，这样的情境很容易引发关于象征意义的解读。

（二）材料的日常性

在过去相当长的时间内，鲁迅被有意无意地“神化”，似乎鲁迅只能在我们心中如同神一般地存在着。然而，鲁迅虽然伟大，但说到底也是血肉之躯，也有丰富而细腻的内心世界，文本中较多地展示了日常生活中的鲁迅形象。

如文本中反复写鲁迅的“坐”。“坐到书桌边”“许先生说鸡鸣的时候，鲁迅先生还是坐着，街上的汽车嘟嘟地叫起来了，鲁迅先生还是坐着”“鲁迅先生背影是灰黑色的，仍旧坐在那里”，这些写鲁迅“坐”的文字，指向不同时段的场景，如同电影中的特写镜头。鲁迅习惯于在漫漫长夜中独自沉思与写作，孤独而充实，直到清晨。再如“鲁迅先生很喜欢吃北方饭。还喜欢吃油炸的东西，喜欢吃硬的东西”，鲁迅是浙江绍兴人，典型的南方人，然后其饮食特点却背离本土特色，表现出反常的一面。鲁迅也有寻常人所可能拥有的癖好与习惯。至于喜欢吃硬的东西，似乎可以暗示鲁迅刚硬的性格，但是不必如此坐实或拘泥。后文又写道：“因为鲁迅先生的胃不大好，每饭后必吃‘脾自美’胃药丸一二粒。”饮食的细节又与吃药的细节构成因果关系，丝丝入扣。还如“鲁迅先生的书桌整整齐齐的，写好的文章压在书下边，毛笔在烤瓷的小龟背上站着”，这里凸显一种整齐美，背后是一种秩序感。

在福建菜馆吃丸子的事情，其实就是一件日常小事。在海婴接连吃到不新鲜的丸子时，“别人都不注意”，毕竟小孩子不起眼，小事情也不起眼。然而，此时的鲁迅却较起真来，说：“他说不新鲜，一定也有他的道理，不加以查看就抹杀是不对的。”在寻常的饭桌上，鲁迅也与常人不同。就是这些日常化的材料，让我看到了一位父亲不妄下断语，尊重大家眼中的“弱者”，实事求是，这不仅是一位优秀的父亲，也是一位令人敬佩的智者。

（三）材料的细腻性

鲁迅过多地被脸谱化、被标签化，这就很容易被遮蔽。我们更愿意看到一个充满细节的场景，并且愿意从细节中认识鲁迅。

文中形容鲁迅的“笑”——“笑得连烟卷都拿不住了，常常是笑得咳嗽起来。”拿不住烟卷与咳嗽，都是对“笑”进行补充描述，通过细节来强化情境，给读者带来深刻的印象。同时，细节并非随手乱写，其中也透露着重要的信息。这些信息的呈现，更能反映出内容和人物的真实。

文中描述鲁迅走路的状态：“刚抓起帽子来往头上一扣，同时左腿就伸出去了，仿佛不顾一切地走去。”这样的细节，十分传神，它可以传达鲁迅的精神意蕴，萧红想给大家呈现一个干脆利落、勇往直前、义无反顾的战士形象。文中写鲁迅包书：“用细绳捆上，那包方方正正的，连一个角也不准歪一点或扁一点，而后拿着剪刀，把捆书的那绳头都剪得整整齐齐。”这里的细节，貌似不起眼，但此时的鲁迅似乎角色错位，更像一个心灵手巧的闺房女子，而不是我们刻板印象中的伟大形象。

总之，对材料的细腻处理，突出细节，是为了让读者看到更加客观和真实的鲁迅，从而让鲁迅的形象在大众心中更加鲜活可感，而不被脸谱化和概念化。萧红想给大家呈现一个可敬爱的、可亲近的和平凡的鲁迅。

二、选材的视角决定了散文的品位

材料是写作的基本要素，视角在写作中也具有关键的作用。在文本中，萧红有意识地运用女性视角，将平视与仰视结合，并且补充他者的视角，全方位多角度地观察鲁迅先生，这更具有立体感与层次感。

（一）女性视角的观察

女性视角的优势是细腻。萧红捕捉到了鲁迅生活中的"笑"，包括笑的状态、笑的声音、笑的场景。文中用"明朗"来修饰鲁迅的笑，给人以声音洪亮、开朗乐观、光明磊落、平易近人的感觉。其后又写道："笑得连烟卷都拿不住了，常常是笑得咳嗽起来。"这就是点染法，"明朗"是"点"，直接点出特征，而具有饱满细节的关于"烟卷"与"咳嗽"的描述，就是"染"，经由生活气息浓郁的表达，让读者对"明朗"能够具体可感。后文中关于"笑"的记录，其实都可以视作对"明朗"的注解，如，"周先生转身坐在躺椅上才自己笑起来，他是在开着玩笑"。鲁迅带头笑起来，亲切、友好、幽默的感觉油然而生，会客的温馨氛围一下子就被渲染起来。可见，"笑"在日常交际中的重要作用。再如，"许先生和鲁迅先生都笑着，一种对于冲破忧郁心境的展然的会心的笑"。许先生的"笑"，与鲁迅的"笑"，保持同步，高度默契，美好的情绪在传递着。还如，"许先生是忙的，许先生的笑是愉快的，但是头发有些是白了的"。写许先生，自然不是文本的重点，只是不经意间连带提及。写许先生的"笑"也并非刻意为之，也有信笔而至的意味。而许先生的"笑"，自然很大可能是受到主角鲁迅的感染。由此可见，鲁迅的"笑"为萧红留下了深刻的印象，以至于在写作中完全绕不开。

总之，这些关涉鲁迅的"笑"的描写，不仅细腻，还很深刻，可谓形神兼备，将鲁迅外在的情绪、风采与内在的性格、气质都传达出来。简单的“笑”，折射的是背后的人格力量。

对时间细节的留意，也能反映女性视角。“鲁迅先生从下午两三点钟起就陪客人，陪到五点钟，陪到六点钟”“于是又陪下去，陪到八点钟，十点钟，常常陪到十二点钟。从下午两三点钟起，陪到夜里十二点”。萧红俨然一名细腻认真的计时员，像写《起居注》的官员一般，忠实记录着点点滴滴的细节。从萧红对时间的关注如此之细的文字中，我们可以读出以下意蕴：首先，萧红对鲁迅带有高度的敬佩之情，这是其行动的情感逻辑的起点；其次，萧红与鲁迅一家交往密切，能够在不同时间点近距离观察鲁迅的生活；再次，萧红在这里有意识地突出了时间细节，也就是放缓了叙事的节奏，让读者更好地感受鲁迅的生活节奏；最后，鲁迅深谙待客之道，也不乏女性的温情与细腻，这与萧红具有契合点。

（二）平视与仰视结合

萧红看鲁迅，既有平视的视角，以朋友的角色审视鲁迅；又有仰视的视角，带着虔敬的心态观察鲁迅。二者在文本中是融合的。

例如，“以后我们又做过韭菜合子，又做过荷叶饼，我一提议，鲁迅先生必然赞成”，这里是萧红以平视方式观察到的鲁迅，全无架子，与之相处，也不必拘谨，就像年龄相仿、不分彼此的朋友一般，字里行间的轻松随意之情洋溢着。再如，“海婴不安地来回乱跑，鲁迅先生还招呼他和自己并排地坐下。鲁迅先生坐在那儿，和一个乡下的安静老人一样”。乍一看，鲁迅也只是茫茫人海中的寻常一员，并无惊人之举。萧红观察和记录生活中的鲁迅时，只是一个客观的叙述者，她想告诉大家：鲁迅只是一位平和的老人家。

除了平视以外，萧红也时常以仰视的方式观察鲁迅，例如，“校《海上述林》的校样，淫珂勒惠支的画，翻译《死魂灵》下部”，凡此种种文学艺术活动，都是在鲁迅身体状况不佳的生命尾期完成，作者那种仰视贤达之意自不待言。将不同时期对鲁迅的理解加以比较，我们的敬仰之情便会油然而生，沛然可想。“死了是不要紧的，只要留给人类更多”，更带有一种悲壮的意味，这样的鲁迅在萧红眼中，是一种文化英雄式的存在，具有撼人心魄的悲剧力量。

（三）他者视角补充

本文也不仅仅局限于自己的视角，而是引入了“他者”的视角，使视角变得多样化，避免了行文的单调。

最典型的例子就是引入鲁迅夫人许广平的视角。许先生说：“周先生的做人，真是我们学不了的。哪怕一点点小事。”简洁的两句话，可谓点睛之笔。许广平说的仍是中国人推崇的做人境界，并且强调的是“一点点小事”，其关注点与同为女性的萧红高度契合。

文本中有较多关于许先生的生活场景。如，“许先生每送走一个客人，都要送到楼下的门口，替客人把门开开，客人走出去而后轻轻地关了门再上楼来”。热情周到，处处替人着想，在细节上做好文章。许先生是鲁迅的贤内助，她受到鲁迅的感染，是同一个灵魂附在了不同肉体上。换言之，写许先生也是在写鲁迅。“许先生是忙的，许先生的笑是愉快的，但是头发有些是白了的。”文中时时写到鲁迅的“笑”，也常常写许先生的“笑”，而且许先生的“笑”与鲁迅的“笑”往往惊人地默契。

另外，家里的保姆也是他者视角，也在文中有所涉及。例如，“海婴从三楼下来了，背着书包，保姆送他到学校去，经过鲁迅先生的门前，保姆总是吩咐他说：‘轻一点走，轻一点走。’”小孩子本身走路容易蹦蹦跳跳，只顾自己开心，这是天性使然。路过鲁迅的门前，天性就要受到约束，这是来自保姆的举动，并非鲁迅的要求。然而，我们还是不难感受到保姆在平时已经深受鲁迅影响，懂得在细微处尊重人、体贴人，这里就隐含着保姆的视角。

名人是在社会上受关注度极高的对象。我们骨子里总有好奇心，想去探究名人的生活方式与存在状态，从其身上汲取有用的精神资源，为己所用。我们会很自然地关注作者所用的材料与视角。既有好的材料，又有好的视角，二者结合，大大有助于写作。材料的私密性、日常性与细腻性，可以避免写作陷入空洞虚假的弊端。试想，文本中的材料只是公众习见的经过社会加工的材料，只是标签式的材料，只是干瘪的故事集合，其价值必然会大打折扣。过去几十年间，我们通过教科书认识的鲁迅，总体上就是遥不可及的、高高在上的、横眉怒目的刻板形象，这显然忽视了鲁迅形象的丰富性与角色的多样性，也是对人性的误解。因此，当我们读到萧红的回忆文章时，感觉鲁迅与《论语》中的孔子一般，有生活中的情趣与幽默感，与大家在精神上可以沟通。我们看鲁迅，可以平视，可以仰视。而平视鲁迅，并不妨碍鲁迅伟大的形象。我们还可以选择多重视角，并转换视角，审视鲁迅，发现被我们遮蔽的富有意味的细节。

总之，透过文本，我们不难发现萧红在材料与视角融合方面带来的有益启示。将名人作为写作对象，若能着眼于日常，在细微处体会其精气神，不失为有效的途径。

参考文献：

［1］林敏洁. 鲁迅与萧红交往考察 [J] .新文学史料，2001（3）：126—136.

［2］章海宁. 萧红全集·散文卷 [M] .北京：北京燕山出版社，2014.

［3］王鹤. 萧红：文字与人生一起脱轨 [J] .书屋，2012（9）：18—25.

（本文已发表在《语文月刊》，2021年第10期）

▶ 应关注他们的“反常”之处
——从人物的特殊嗜好入手解读《变色龙》

按照传统的观点，人物是小说的核心，小说的主要任务是集中塑造个性鲜明的有典型意义的人物形象。文中的主角是奥楚蔑洛夫，还有一些次要人物，也值得关注，如赫留金。他们几乎都存在“反常”的一面，表现出特殊嗜好。细究文本，不难发现，小说中也确实难以寻觅我们认为正常的人物。

一、奥楚蔑洛夫“反常”的特殊嗜好

奥楚蔑洛夫是文本中的核心人物。“反常”的特殊嗜好，在他的身上表现得淋漓尽致，如喜欢摆弄军大衣，急于发问、下令与表态，在文本中都指涉人物隐秘的精神世界，也推动了故事情节的发展，最终服务于深刻的主题。

（一）喜欢摆弄军大衣

“军大衣”在文中出现了四次。

第一次在开头。小说第一句便是：“警官奥楚蔑洛夫穿着新的军大衣，提着小包，穿过市场的广场。”他的出场身份是警官。警官本来是正面的角色，是维护社会正常秩序的，是正义与勇气的化身。按照常情，这种职业能给读者带来好感。警官的军大衣，本身就是国家体制威严的象征，神圣不可侵犯。“军大衣”前面加一个“新”字来修饰，直接让奥楚蔑洛夫外表风光，暗示人物刚刚上任，很可能升职了，所以，心理状态难免有意气高昂甚至骄横狂妄的一面。人性是基本稳定的，中国俗语说“新官上任三把火”，这一点在俄国语境中也成立。“新的军大衣”这个容易被忽略的细节，对于把握后文人物的言行具有十分重要的价值。

第二次在第十段：“席加洛夫将军？哦！……叶尔德林，帮我把大衣脱下来……真要命，天这么热，看样子多半要下雨……”人群中有人说狗是将军家的，说话的人并不确定是谁，说的内容也不确定是否可靠。尽管如此，这依然直接导致奥楚蔑洛夫冒出富有意味的语言，并且连带着摆弄军大衣。这里有三处省略号，可以理解为他的思维在跳跃与转换之中。毕竟听闻将军之名，一时的意外，对他自己也是一种考验。为了掩饰内心的恐惧感与紧张感，先言他物以作心理缓冲，同时也是为自己留足思考的空间。此时的军大衣就有强烈的心理暗示，而不是普通的衣服。由将军到衣服，再到天气，过渡在有痕与无痕之间。再往后，就引出了狗，转向了正题。

第三次在第二十段："哦！……叶尔德林老弟，给我穿上大衣吧……好像起风了，挺冷……"人群中再次有人确定这就是将军家的狗，警官几乎是"移植"或者"自我复制"上一回的表现，同样也出现三个省略句。又是一个意味深长、如梦初醒的"哦"，紧连着对手下的招呼，然后就提及大衣，再转移到天气，最后回到关于"狗"的正题。无论是穿衣服，还是脱衣服，都是警官向巡警发出的指令，并非亲自为之。与其说是天气状态，不如说是内心变幻莫测的状态。以军大衣为核心的言说对象，不过是奥楚蔑洛夫用以转移大家视线的工具。

第四次出现在结尾，与开头呼应。奥楚蔑洛夫"裹紧大衣"离开广场，从小说的情境中退场。小说名为"小说"，其实不"小"，特别是经典小说，往往细节处大有"文章"。"裹紧"这一细节，是奥楚蔑洛夫自我保护意识的外在表现，暗示其内心安全感的不足，也是在掩饰其虚弱的本质。一次又一次、来来回回地折腾，早已超过了常情常理常态，属于罕见的特殊事件，这使得奥楚蔑洛夫不免身心疲惫了。尽管他擅长逢场作戏，在竭力趋利避害，却也差点将自己也搭进去，回想起来不由得有些后怕。表面风光的他，内心已经感受了透顶的狼狈，但是他并不愿意公开承认。

（二）急于发问、下令与表态

文中最令人称奇的大概是警官超越常情常理的语言，即变异的语言。他急于发问，也急于下令与表态。

第六段写警官面对乱七八糟的局面，以居高临下的姿态，提出一连串的问题：“这儿到底出了什么事？”“你在这儿干什么？”“你究竟为什么举着那个手指头？”“谁在嚷？”作为警官，他倒是“问题意识”很强烈，这是职业的敏感。我们还原当时的场景，他明显急于弄清楚事实，这一点在原则上是对的，错的是太着急。他问的这么多杂乱的问题，实际上只能是乱上添乱。想要理清头绪，其实只需要问一个核心问题或者主问题即可：“这儿到底出了什么事？”可见，警官的头脑本身也是混沌的状态。这也为后文的“闹剧”埋下了可笑的伏笔。

在听了赫留金的陈述后，按道理论，警官只是获得了一面之词，未经有效验证。但是，反常的是，他居然着急地表态：“我绝不轻易放过这件事！”“我要拿点儿颜色出来给那些放出狗来到处乱跑的人看看。”“我要好好教训他一顿！”语气不可谓不坚决果断，从表面上看，俨然正气与公理的化身，直让人肃然起敬。然而，一切都流于表面，经不起推敲。换个角度看，与其说是意欲主持局面，不如说是在借机拿腔拿调，耍耍官威。他说话时，“咳了一声”（很可能是故意的），似乎在提醒围观者：我是此处的长官，在此审案，大家注意聆听。

他对巡警说：“去调查一下，这是谁的狗，打个报告上来！”确实是在正常范围内开展工作，只是仍然难掩一股官腔。这当然可以解释为他在官场耳濡目染所学的，反映的是俄国官场的常态。紧接着，他却说：“这条狗呢，把它弄死好了。马上去办，别拖！这多半是条疯狗……”既然刚刚说去调查一下，那就等手下调查清楚之后再处理不迟，为什么马上又说把这条狗弄死？这分明是前后矛盾，让手下无所适从。到底是先去调查，还是先弄死狗？去调查是理性主义的表现，而急着弄死狗又是极其非理性的行为，而且也是在催促别人，将自己的状态传递给他。省略号之后，紧接着警官又说："请问，这到底是谁家的狗？"警官似乎回归了理性，抓住最紧要的问题了。综上所述，可见警官确实是"疯癫"的，颠三倒四，自相矛盾，反复无常，在两个极端之间游走，让人捉摸不透。

戏剧性的一幕出现了。第九段写道："这好像是席加洛夫将军家的狗。"这不过是人群里有人说说而已，何况还用了不确定的词语"好像"，并没有得到证明或者证伪。尽管如此，也着实让警官吓了一跳。言外之意，只要有将军的影子出现，也是令人敬畏的。他迅即开始了"变"的表演，刚开始想充当富有正义感的主持局面者，到现在居然为狗辩护，将原本对准狗以及狗主人的矛头反过来对准受害人赫留金，而且分析得似乎句句在理，如强调赫留金与狗在体形上的巨大反差，再如从深处挖掘赫留金的不良企图。

第十七段中，警官因为巡警自称拿得准这并不是将军家的狗而话语骤变，居然说"我也知道"，此处的细节与第十段中的"我可知道"，可谓相映成"趣"，充分显示了他虚伪的一面。他接着说"将军家里都是些名贵的、纯种的狗"，极力吹捧的丑态显露，而罔顾事实，言外之意似乎是只要与将军沾边的无一不好。盲目吹捧狗自然只是表象，真实用意是当众奉承将军，拍马屁而已。与此同时，他又将眼前这条狗贬斥得十分不堪："这条狗呢，鬼才知道是什么玩意儿！毛色既不好，模样也不中看，完全是个下贱胚子。”为了烘托出将军家的狗是何等名贵，他不惜对目光所及的这条可怜的狗报以恶毒的语言。此时，他好像又回到了刚开始的样子，转而为赫留金抱不平：“你呢，赫留金，受了害，我们绝不能不管。得好好教训他们一下！”再次以正义的形象示众，显得爱憎分明，要坚决维护正常的社会秩序。“绝不能不管”，双重否定句，前面再加一个程度副词，语气之强烈可以想象。他张嘴闭嘴就是“教训”（第八段中也出现过）别人，到最后只是“教训”了弱者。或者说，他只是在嘴上“教训”了抽象的老爷，而不敢在现实中“教训”具体的老爷，如席加洛夫将军。第十九段中，有人不经意间冒出一句：“没错儿，将军家的！”这又直接促使奥楚蔑洛夫对狗抱有“善意”了。他继续保持原有的下命令的姿态，指使巡警将狗带到将军家里，并叮嘱：“就说这狗是我找着，派人送上的。”言行上都是主动在向将军示好，语言上还有显著违背事实的特点，但是他似乎早已厚颜无耻了。接着，他又将矛头对准赫留金，称其为“混蛋”，连赫留金的手指头都冠以“愚”字来形容，不可谓不狠毒。

情节数次出现反转，已经足够证明契诃夫的写作才华，也着实能让读者拍案叫绝。谁料，小说几乎快要结束时，作者又横生一笔。将军家的厨师以带有愤怒与嘲讽的语气称这不是将军家的狗，这时警官又急于表态，说要弄死这条野狗。作者在此如同上文一般，使用了延迟表达形式，将重要信息拆开处理，一句本来完整陈述的话，居然被分成两次来说，导致出现了令人尴尬的局面。也不知道是一贯说话的风格使然，还是临时故意导致的，厨师马上补充说这是将军哥哥的狗。此时，奥楚蔑洛夫的“表演天赋”再次展露，他“整个脸上洋溢着含笑的温情”，主动寒暄客套，在厨师面前，向将军的哥哥（还准确地叫出姓名）问好，还盛赞兄弟之间美好的亲情。这一切的转移，似乎过快了。其实，这些都是表面的掩饰罢了，毕竟还是绕不开眼前的这条狗。于是，在绕了一大圈之后，警官终于将话题转移到了狗。这时的狗，还是故事开始时的那条狗，只是它已然拥有一个明确而高贵的身份，因为它的主人是“老人家”——将军的哥哥。警官不仅夸赞狗的伶俐，居然还模仿它的声音：“呜呜。”在文本中，这也是头一回。最后的那个“这坏蛋”，字面上在骂狗，实非真骂，而是表示亲近讨好。一切只因为它背后的主人。语言暴露心态，说到底，警官也将自己当成一条与席加洛夫将军有关的狗。

这样，一桩街头的关于狗咬人的寻常案件本身已经不重要了，重要的是它经历了一次次戏剧性逆转，只因为人们留意的关键点在于狗的主人是谁。

奥楚蔑洛夫，反复多次站到了自己的对立面，将自己前面的言辞推翻，进而表现出了另一番流于表面的说辞，实则将自己作为了整个场面里最大的丑角。诚如孙绍振所言：“《变色龙》中的主人公那种明明自相矛盾，却自鸣得意的心态，读者在这种反反复复地自我否定、不能自圆其说的过程中，感到夸张的、漫画式的幽默感。”

二、赫留金“反常”的特殊嗜好

翻译家汝龙曾注明，赫留金“这个姓的意思是猪叫声”。

其中明显的贬斥意味，与奥楚蔑洛夫负面的本义“疯癫的”，前后形成一种奇特的映照关系，共同构建了讽刺的逻辑起点。带有“猪叫声”含义的赫留金是伴随着狗的尖叫声出场的，这又是一层讽刺。这种刺耳的吵闹声正好与第一段中的安静构成了强烈的反差，从可怕的安静陡然转向非常的混乱，由一个极端到另外一个极端，从一种“反常”到另一种“反常”，极具讽刺意味。依据全文，可以判断的基本事实是：赫留金被狗咬伤了手指，还流了血。赫留金身上也存在着“反常”的特殊嗜好，有几点需要留意：

（一）言必称“法律”

“长官，就连法律上也没有那么一条，说是人受了畜生的害就该忍着。”“他的法律上说得明白，现在大家都平等啦。”赫留金前后两次将“法律”挂在嘴上，反映了其内心对法律抱有幻想，认为法律具有刚性的权威，他想以法律为武器维护自身的合法权益。与之照应的是，奥楚蔑洛夫也提过“法律”：“那儿的人可不管什么法律不法律，一眨眼的工夫就叫它断了气！”法律在警官心里是具有弹性的，在彼得堡或者莫斯科这样权贵横行的地方，法律并没有实际意义，经常被人为地破坏。

从最后的结果看，狗被将军家的厨师直接带走了，作为受害者的赫留金没有得到他想要的赔偿，连半句道歉也没有，反而被众人笑话，还被警官恐吓，落得个狼狈不堪的下场。前后勾连，对比阅读，就会发现法律不过是纸上空文，并不能有效保障弱者的利益。在关键时刻，众人也毫无例外地默默认同了权势在社会中的决定性价值，更无人敢于阻挡。假如赫留金不对法律抱有幻想，而是自认倒霉，他实际所受的损失反而远远没有文本中所呈现的那么大。

（二）喜欢装“神气”

第五段有这样的细节：“他那半醉的脸上现出这样的神气：‘我要揭你的皮，坏蛋！’就连那手指头也像是一面胜利的旗帜。”作为受害人的赫留金竟然有神气的脸色，这显然是“反常”的，耐人寻味。他对狗报以凶恶的语调，同时将手指高高扬起，似乎胜券在握，马上就能讨回公道。而警官挤进人群，居于圈子的中心，一开始表态，装腔作势不假，主动提出要捍卫赫留金的利益，这很可能给他以积极的心理暗示。当警官因为狗的主人是将军转而质疑乃至斥责赫留金时，有个“帮凶”出现了，即“独眼鬼”。他好像说出了一部分真相，称赫留金是主动去招惹狗的。据此，我们大致能看出赫留金也不是什么善良之辈。而正是整个社会沉闷压抑，个人生活太空虚无聊，他才向狗发出挑衅之举。紧接着，赫留金针锋相对，反唇相讥，絮叨了一堆，似乎不经意间提及“我的兄弟就在当宪兵”，倒是其内心的“神气”外显。在他自己看来，刚说到紧要的信息，却被突然打断，此后就没有出现赫留金的任何辩解之词，直到临近结尾的句子说：“那群人就对着赫留金哈哈大笑。”他似乎隐没在众人之中，彻底丧失了话语权。

一个原本神气的人，就这样一步步莫名其妙地沦落为大家集体嘲弄的对象。原先自信满满，以为能掌控局面，赢得同情、理解与支持（事实上也局部地实现了），其后还能有表达的机会；

现在为自己辩解的人，竟至于仿佛被众人挤到圈子之外，没有发言的机会，只能被动地听，被动地接受一切。试想，在这种社会环境里，这一次是赫留金运气差，撞上了将军哥哥家的狗，自认倒霉。只要外界大环境没有变，下一次就该这群大笑的人群中的别的人遭殃了。没心没肺的笑声表面上暂时地淹没了一切，却不能改变群氓的麻木与愚昧。说到底，在文本指向的社会情境中，只有像席加洛夫将军这样有权有势的人才配有真正的“神气”。而席加洛夫将军只是庞大的统治阶级中的一员，权势在其上者，还大有人在。循此思路，往深处读，在作者留白处进行补白，我们不难体会当时的俄国社会等级森严的状况对民众造成的压迫感。

赫留金“反常”的特殊嗜好，正是当时的社会大背景的产物。赫留金作为小说中的典型人物，是社会中一个群体的折射，反映了庸众的猥琐、沉闷的生活状态。马新广指出：“赫留金是俄国沙皇统治下的一个小市民形象，他是小说里那‘一群人’的典型代表，当狗咬人了，那一群人‘仿佛一下子从地底下钻出来’，他们把生活里的琐事当作唯一的意义； 当赫留金的诉讼最终被判定为失败时， 他们‘哈哈大笑’，毫无同情心。从本质上看，这些性格特征又是小人物在那个社会环境下追求生存的手段，是和‘变色龙’奥楚蔑洛夫的‘变’相同的。”奥楚蔑洛夫固然可恨可恶，赫留金这类并无高尚的生活趣味的小市民，也是“变色龙”，同样是需要批判的对象。

作为经典讽刺小说的范本，《变色龙》在讽刺艺术方面进行了诸多努力。与人物的特殊嗜好相关的“反常”元素在文本中起到了关键性的作用，这为我们解读文本也提供了重要的切入点。当然，经典文本的魅力正在于常读常新，正在于其间的奥妙解读不尽。就文本中的讽刺艺术而论，富有挑战性的探究活动还远未结束。

参考文献：

[1] 孙绍振.经典小说解读[M].上海：上海教育出版社，2016.

[2] 契诃夫.契诃夫小说选[M].汝龙译.上海：人民文学出版社，1956.

[3] 马新广.赫留金：可恶的受害者——从《变色龙》的一条注释和一处改动说起[J].中学语文教学，2012（9）:51—52.

（本文已发表在《语文教学与研究》，2021年第15期）

▶ 讲学家：一个讽刺的集合体

——从讲学家的视角分析《河中石兽》一文的讽刺成因

《河中石兽》出自《阅微草堂笔记》，作者是清代著名学者、文学家纪昀。作为笔记体小说，《河中石兽》既注重小说的可读性，又带有纪昀的个人印记，如学识广博，乐于探索，注重理性的高度。同时，"讲学家"这一角色在纪昀笔下，是负面形象，这也是作者心理图像的真实投射。

何为讲学家？从字面上看："讲"，宣讲；"学"，学问；"家"，学问或者技艺达到某种高度的人。讲学家，就是对着门生或其他群体宣讲学问，并且本身有较高学识水准的人。以"家"作为词根，按理而言，本来是有着正面的形象。诸如"科学家""文学家""旅行家"之类，理应是在掌握某种专门学识方面出类拔萃的人，是正面形象。然而，文中的"讲学家"却是一个充满讽刺意味的集合体。

一、讲学家身上的讽刺因子

讲学家，在文中似乎只是抽象的符号，或者说身份标签。作者有意隐去其具体的姓名、籍贯、出身、职位之类的社会信息，也没有对其外貌进行描写。我们只能看到空洞的“讲学家”的概念。这种处理，是有特殊暗示的，那就是着眼于通过文中这个具体的人来写这一类人。这一个具体的人的举动，就是这一类人的代表，具有“类型人格”的特征。基于这一人物的表现，我们对这一群体的特点也能有基本的判断与认识，即有一定学识、渴望被尊重、傲慢且自负、表现出过人的黠慧、热衷空谈。

（一）有一定学识

讲学家听闻寺僧在下游寻找石兽未果的行为后，立即做出了自己的评价，否定了他们的行为。他在批评寺僧后，还不忘条分缕析：“是非木杮，岂能为暴涨携之去？乃石性坚重，沙性松浮，湮于沙上，渐沉渐深耳。”言之凿凿，头头是道，乍一听，确实令人佩服，尤其是学识浅薄之辈更是容易对他顶礼膜拜。心平气和地说，讲学家还是有一定学识的，也把握了“物理”的规律，至少从表面上看他的确比寺僧们要有智慧。但是，这些“学识”正是讲学家被众人讽刺的基础。讲学家有“学识”，但不扎实，是半桶水，不能把问题讲清楚，甚至还会做出错误的判断。面对河中石兽具体位置的问题，他所说的不过是停留于常识层面，并没有令人敬服的高论。不过尽管如此，他还是赢得了没有杂音的肯定，这就涉及另一个常见的问题：人性中盲从的弱点，也就是愚昧必然有让愚昧生长的土壤。

（二）渴望被尊重

有意思的是，讲学家“设帐寺中”，而不是闹市等繁华之所。寺中，当然是远离俗世纷扰，使人得以耳根清净的宝地，讲学家这样的举动给人以不问世事的出尘之感，让人心生敬意。但是，他显然又不甘寂寞，设帐只为讲学，讲学就是希望有人能听从自己，以便扩大自己的影响力。这种表里不一的矛盾，是被众人讽刺嘲笑的关键所在。但讲学家毫无自知之明，还利用众人急于知道石兽下落的心理，不失时机地出来讲话，摆出一种启蒙世人的姿态。他自视甚高，已然将众寺僧视为愚昧无知的庸众，以布道者宣讲大道启迪智慧的角色出现，处处好表现，处处显摆自己胸中那点可怜巴巴的“墨水”，最后是聪明反被聪明误。

（三）傲慢且自负

面对寺僧一番错误的毫无结果的努力，讲学家出来说话时底气十足。“闻之笑曰”，“闻”与“笑”紧紧相连，给人的感觉就是讲学家轻易暴露了自己的真实态度。“笑”字就含有嘲讽的意思，以一种功利的心态，对失败者投去嘲弄的表情，尽管自己寄人篱下仍然忘乎所以，尽管僧人脱去人间机巧之心讲学家却不予观照。他劈头就说：“尔辈不能究物理。”这是一个使用否定词，从负面角度言说的判断句，对寺僧下了简短有力的结论。其中“尔辈”一词，就带有明显的贬斥意味，是以一种俯视的姿态看人，将自我置于高高在上的位置，将对方归为可笑的一伙，有一种拒人于千里之外的感觉。“岂能为暴涨携之去？”这一句使用了反问句，语气较重，显得生硬，不友好，还有讽刺对方连基本的常识也不具备的怪异口吻。“沿河求之，不亦颠乎？”再次使用反问句，其中还夹杂着否定词“不”与语气词“乎”以及耐人寻味的“亦”字，这些都是对“沿河求之”这种在讲学家看来荒谬之极的行为的挖苦。讲学家俨然一副真理在胸且正直敢言的样子，自以为是，对寺僧的举动报以冷嘲热讽的态度。然而，这样的傲慢与自负，恰恰又是讲学家被众人讽刺的把柄。作者设计人物之间互为讽刺的关系，给文章增添了很多戏谑效果。

（四）表现出过人的黠慧

所谓黠慧，是狡黠的智慧，实为狡猾之举。在讲学家与老河兵出场前，寺僧寻找石兽其实有两个过程。前一个是“求二石兽于水中”，这里应该就是在石兽沉没的原址附近离水面较浅的地方摸排一阵子，结果是“竟不可得”。后一个过程是“棹数小舟，曳铁钯，寻十余里”，结果是“无迹”。两次都带有戏剧性，这就是“小说味”。特别是第二次，还有细节，更是活脱脱地将略显滑稽的画面感呈现给读者。有趣的是，这两个过程明明有时间差。从文中看，在寺僧没有头绪地活动的这段时间内，讲学家是没有公开发言的，毕竟这时是有风险的，说错了会颜面无光。那他在干什么呢？他很可能只是在暗暗打听，默默观察，静静思量，完全确定了在原址附近较浅之处与该河下游延绵很远的地方都找不到之后，再依据自我基于一半“经验”与一半“理论”杂糅的判断，辅之以排除法（大胆排除寺僧们努力探寻过的地方），认为石兽是在坠落原地的较深处被沙土掩埋。于是，他瞅准了时机，大胆出马，信誓旦旦地发表意见，以为胜券在握，一时间还真的赢得了众人的敬服。作为以讲学为生的“学者”，传播真理是要务，干投机取巧的事情是令人不齿的，但讲学家却用自己的“黠慧”换得了众人的，尤其是同为读书人的作者的极力讽刺。

（五）热衷空谈

行文至“众服为确论”，众人钦佩，讲学家得意，充分感觉到自己的存在意义，应该说是皆大欢喜的圆满的状态。然而，小说家总需要补充一些“意外”的元素。讲学家最怕的意外无情地发生了。如同生物链中的一物降一物的情形，老河兵听闻讲学家的“高见”后，也报之以“笑”，可谓“以其人之道还治其人之身”。更令讲学家不安，令众人拍案叫绝的是，巡河的老兵这一不起眼的角色居然能讲出另一番道理来，与自己针锋相对。他首先亮明观点：“凡河中失石，当求之于上流。”一个“凡”字，就是全称概念，不留余地，没有例外，可见语气十分肯定，把握极大，不容置疑，堪属惊人之论调。随即，他还以类似于后世流体物理学家的口吻进行更加细致入微的阐释：“盖石性坚重，沙性松浮，水不能冲石，其反激之力，必于石下迎水处啮沙为坎穴，渐激渐深，至石之半，石必倒掷坎穴中。如是再啮，石又再转，转转不已，遂反溯流逆上矣。”之前讲学家也强调：“石性坚重，沙性松浮。”老河兵想必早有耳闻，也直接借用了人家的原话，却不是在抬举人家，而是讽刺。因为这只是借以铺垫，只是涉及“物理”奥秘其一而已，停留于浅层次。有其一，必有其二。老河兵继续强调的是“反激之力”，并且注重在一个较长的过程中审视这种日积月累的力量。这就在事实上通过更加细致入微的表达，修正了讲学家原来所持有的片面的理论，明显更高一筹。老河兵似乎意犹未尽，还补了一句：“求之下流，固颠；求之地中，不更颠乎？”前半句，是在批评寺僧；后半句是在批评讲学家，而且还有强烈的讽刺。“固”字，语气强，“不更颠乎”作为反问句，连带否定词“不”与比较副词“更”以及讽刺语气“乎”，无疑将主要矛头对准了讲学家。老河兵在告诉人们应该去上流寻找的同时，对整个事件还有清晰的解释与态度鲜明的评判。结果，如其所言，两个石兽果真被找到，故事方才有一个圆满的结局。实践首先直接证明了老河兵的正确，对喜好空谈的讲学家，也算是予以有力的回击。

综合上述分析，不难发现，讲学家在文中的形象是复杂的，是面目模糊的“类型人格”，是有一定学识的“读书人”，是渴望被尊重的“布道者”，是傲慢自负的“嘲弄者”，是黠慧过人的“旁观者”，是被实践击溃的“空谈家”。总之，讲学家呈现给读者的形象是负面的。作者善于蓄势，又善于借助延宕叙事的技巧，让情节反转，使后来居上的老河兵处于胜利的地位。同时，作者将自己的情感与态度寄托在老河兵身上，通过他实现了对讲学家的讽刺、批评，甚至鞭挞。

二、讲学家被讽刺的根本原因

讲学家，以及讲学家所代表的这一类人，之所以被大众诟病和讽刺的根本原因，那就是“知行分离”。世界是由主观与客观两个维度构建而成的。主观与客观之间应该高度契合，实现良性的互动，在“行”中求“知”，再以“知”导“行”，二者结合，在反复推进中实现螺旋式上升，而不是彼此乖离。古往今来真正的智者往往强调“知”与“行”的统一，即“知行合一”。相反的情况是知行分离，这也是人类普遍存在的弱点。

（一）讲学家自我的“知行分离”

讲学家就是“知行分离”的典型代表。他一出场，还没开口，就是在“笑”，笑完再嘲，这是浅薄的表现。讲学家置身于事外，却自以为高明，以开启愚者智慧的面目示人。他只是凭借自己的一知半解，并通过上文中论及的排除法，得出自己认为精当合理的结论。通过后文老河兵的详细阐述可见，长期设帐讲学，安于被人膜拜的讲学家对河中这一特殊境地中落石于沙的复杂微妙的“物理”作用机制并不明了。尽管如此，他却敢于以毫不含糊的措辞方式来回应寺僧们，自以为是地给他们指一条“明路”，恰恰是误导众人而不自知。退一步看，“讲学家”本身就是长期远离实践的人，特别是远离“河中”的实践者，他的主要优势集中于书本知识，依据书本知识他似乎就享有特殊的话语权。然而，他却在主观上放大了自己的这种优势，置于文本的情境中看，这本身就是一种严重的缺陷。古语讲：“人贵有自知之明。”可奇怪的是，讲学家本人却没有自知之明，还高调地去诱导他人，干扰别人的判断，最终受到了在其心里并不值一提的老河兵的强有力反击。众人在老河兵的指引下，找到了石兽，结局固然圆满，此时文字中却不见讲学家的踪影，这与前面聚焦于高调的讲学家的行文布局形成了鲜明的对比。从留白之处，我们不难进行合理的揣测，即讲学家很可能灰溜溜地离开了寺庙，从众人的视线中消失了。“知行分离”使讲学家遭受了现实的无情嘲讽，其讲学布道的启蒙姿态受到了严峻的挑战。在重视经世致用之学的纪昀心里，讲学家的夸夸其谈无疑是可笑可鄙的，而求真务实、知行合一的学风则是纪昀所提倡的。

（二）其他人物“知行分离”

除了讲学家“知行分离”外，文中的寺僧当然也是“知行分离”的。他们凭着直觉，先后在石兽坠落的原处较浅的地方与下游寻找，均无结果。这不难理解。直觉是浅层次的东西，是不可靠的。

老河兵在这一次具体的实践中，是大获全胜的。这固然可喜。老河兵在很大程度上是“知行合一”的正面代表，他的形象也符合纪昀的基本思想倾向。但值得注意的是，老河兵的言论其实也是经不起推敲的。如，他一开始就说：“凡河中失石，当求之于上流。”“凡”字，使陈说过于绝对化，这本身就是逻辑上的漏洞，而老河兵好像并不自知，或者他因为长时间在这条河上巡视，对河中水、沙、石的规律了如指掌，或许他已经反复接触过类似的事件，在这方面达到了“知行合一”的境界。因此，在这一次具体的活动中，他胜出了。后续如果再次碰到类似的事情，他还会继续立于不败之地吗？值得怀疑。毕竟，老河兵的言语与思维所透露的细节告诉我们，他也是传统的经验主义者，以漫长的经验积累过程来提炼真知，进而做出合理的判断。而这一点，正好反映了长期处于农耕文明时代的国人的心理结构与认知规律，具有普遍性与典型性。

三、讲学家形象的现实讽刺意义

纪昀在笔记体小说中设置讲学家这一角色，带给读者有益的思考。

从文学角度看，讲学家是典型性极强的代表，给人留下深刻的印象，满足了读者对笔记体小说的阅读期待。众寺僧在讲学家指点前已经有过两次寻找石兽的行为，均以遗憾式结局的形式呈现给读者，这就为讲学家的出现蓄势了，毕竟人们满心期待着英雄式的人物出现以突破困境。讲学家的一番“高论”在被老河兵粉碎之前，已然赢得了众人的赞赏与敬服，讲学家的正面形象已经被抬升至一个高度。而奇怪的是，此时他的判断还并未被证实或证伪。后来，老河兵以理论融合实践的出色表现，直接宣告讲学家从高台上跌落的命运。作者纪昀在短小的篇幅内，运用高超的跌宕叙事技巧，使讲学家的文学形象饱满而鲜明，讽刺了只重理论而轻实践的现象，为当下的生活与生产提供了参考和借鉴。

从“类型人格”角度看，讲学家并不是一个孤立的存在者，而是这一群体的一个代表。作者借助具体的讲学家具体的“失误”行为来映射这一群体在日常生活中较为普遍地存在的“劣根性”，其意旨就变得深刻而耐人寻味了。作为乾隆时期学问大家的纪昀，并未停留于旧式文人拘泥书本的老面孔，而是注重实务，深知知行合一的现实指导价值。作者假借老河兵之口，对颟顸狭隘的讲学家予以有力反击，进而引导读者对这一群体的不足进行反思与批判。

从社会意义上看，人类改造原始自然的行动一直在持续进行之中，这个过程中的“行”与“知”，需要得到有效调和，以满足于现实的需要。反过来讲，“知行分离”，将会导致人们继续犯下讲学家这类人的错误，留下遗憾与笑料。“知”与“行”是一对矛盾体，人类要始终在“知行合一”上做文章。在现实世界中，不少人虽然并不是讲学家，但也经常犯类似于讲学家的错误。我们在讽刺与批判讲学家的同时，在笑过之余，也应该对照自我进行检查，有则改之，无则加勉。由此，讲学家这一形象带来的文化反思意义就扩大了。

总之，讲学家是这篇小说中非常重要的一个人物形象，也是作者精心虚构的一个人物。向内，我们可以看到他众多被人诟病的讽刺因子；向外，我们也观照到了社会中各式人物的不足。他们的不足，正是社会的不足，正是我们需要改良的地方。因此，讲学家，与其说是一个被讽刺的对象，还不如说是一面供我们自我观照和检视的镜子，于当下社会同样具有较高的借鉴意义。

（本文已发表在《语文月刊》，2022年第4期）

从叙事角度选择合理的小说教学内容

——以《植树的牧羊人》一文为例

《义务教育语文课程标准》（2011年版）强调："能够区分写实作品与虚构作品，了解诗歌、散文、小说、戏剧等文学样式。"这为一线教师指明了方向，即务必区分好文本的性质，增强文体意识，依据文体特征选择适当的教学形式与内容。由于语文学科不同于其他学科，其教学内容选择具有不确定性，这在客观上考验着老师们的智慧。有鉴于此，我们还是要在细读文本的基础上，发掘文本中最有价值的资源，进而选择合理的教学内容。《植树的牧羊人》是一篇小说，应从叙事角度挖掘文本的核心教学价值，即从叙事的节奏、方式、结构、模式等方面分析文本，寻找最合适的教学资源。

一、从叙事节奏的角度选择合理的小说教学内容

传统的小说理论集中强调所谓的三要素，即人物、情节、环

境，它们都指向“时间”。人物是在特定时间内作者所要表现的对象，情节是在特定时间内发生的具有因果关系的事件，环境是在特定时间内人物活动的场所。这都无关乎学生言语形式的习得。关于小说叙事时间的学习，我们应当更多地关注叙事时间节奏的安排，如扩述与概述。

（一）扩述

“扩述实际上就是叙述的时间大于故事时间，就像慢镜头，把它拉长放慢。”这种慢节奏的叙事方式，对读者而言本身就是一种暗示与引导，旨在使读者聚焦于故事的某些关键部分。扩述在文本中的价值常常被密切关注。

《植树的牧羊人》中的故事时间，安排如下：“那是在1913年”（第二段）；“我走了三天”（第二段）；“从前一天晚上起”（第二段）；“那是六月晴朗的一天”（第二段）；“继续向前走了五个小时”（第三段）；“过了一会儿”（第七段）；“第二天”（第八段）；“三年来”（第十一段）；“第三天”（第十二段）；“这样过了一年”（第十三段）；“从1920年开始”（第十八段）；“1945年6月”(第十九段)。通过以上列举的时间信息就可以看出，小说中的时间是充满弹性的，不能等同于叙述时间，是经过主观过滤后的“时间”，更多的是倾向于心理时间、情绪时间、意义时间等。从第二段到第七段，写的都是发生在一天之内的事情，这一天的意义似乎象征了主人公一生的意义，是主人公一生意义的缩影。这六个段落的叙述，使读者看到布非究竟是一个怎样的人以及具有怎样的内心。

扩述，还表现为叙述语言的繁复，或者说详写。“详，就是时间的延迟、停留。既然有必要笔酣墨饱地来描写，肯定存在某种表达意图。所以，小说中哪里有描写，哪里写得特别详细，表达的意图是什么，值得分析。”

文本第五段中这样写道：“房间里收拾得很整洁，餐具洗得干干净净，地板上没有一点灰尘，猎枪刚上过油，炉子上还煮着一锅热汤。他的胡子刚刚刮过，衣服也一针一线地仔细缝过，补丁针脚细密，几乎看不出来。”作者似乎不厌其烦，在看似并不重要的地方费尽笔墨。从房间到餐具到地板，从猎枪到炉子到热汤，从胡子到衣服到针脚，都一一展现在读者眼前，这都是典型的扩述。镜头语言丰富，而且每一个细节都内蕴十足，不容忽视。从其中我们无法直接看到主人公的脸，但是这种室内布置不正是他最好的脸面吗？这一组组画面不正是主人公严谨的精神甚至追求完美的精神的反映吗？这种热气腾腾的生活场景不正是牧羊人本质力量对象化的表现吗？像这样的镜头，我们不妨反反复复地去回味。

我们看到主人公的炉子上正煮着一锅热腾腾的汤，仅由此细节，我们就能看出主人公积极而炽热的生活状态。以“我”的视角看来，环境极端至此地步，而能有一块宝地营造出温馨的家，不无强烈的意外感。这锅汤，或许正是布菲内心的外化。可以说，这个片段最具核心意义的就是“这锅汤”，它把场景完全写活了，写开阔了，让一股强烈的温暖人心的力量在其间反复流淌。

（二）概述

“叙述时间短于故事时间称之为概述，它其实可以看作是一种快速叙事。”概述带给文本的积极意义并不大，却往往能引发思考，为什么作者在这里隐去我们想关注的内容呢？读者觉得有意义的地方，可能与作者觉得有意义的地方并不契合。从文本看，“我”与布菲前后交往了三十多年，从1913年到1945年。按照常情常理，作为老朋友，彼此可写的事情一定非常多，情感的分量是难以估算的。然而，作者在写的时候，其实是做了取舍的，有些情节明显被略去，导致叙述的时间远远短于故事时间。如第十二段中：“第三天，我和牧羊人道了别。”既然上文写出了无意间遇到牧羊人是一件新奇而有意义的经历，而且彼此都是重情义的人，那么按照常情常理，彼此道别应该也有富有意思的细节。然而，作者却惜墨如金，一笔带过，这是典型的概述。再如，第十八段中：“从1920年开始，我几乎每年都去看望这位植树的老人。我从没见过他有任何动摇或怀疑，只有天知道这有多难。”从1920年至最后一次见面的1945年，是一个漫长的时期。作者仍然像写第一次分别那样，采取了概述。显然后者更能体现概述的特征，因为它几乎并没有传达出多少“有意义”的信息，更无法提取有价值的细节。这两处概述尽管没有展现出故事的所有信息，以达到表现主题的作用，但它们使其他的信息有更充足的展示时间，让主人公在最有价值的情节中展开活动，让读者在略去的信息里自觉地发生想象与联想，从而获得小说阅读的审美愉悦。同时，概述也是一种巧妙的留白法。

因此，扩述与概述的交替使用，能使行文张弛有度，节奏明晰，也让文本的核心价值根据作者的意图被凸显出来。

二、从叙事方式的角度选择合理的小说教学内容

（一）角色错位感

角色错位感始于题目本身。牧羊人本该好好牧羊，却摆脱了日常轨迹，转而致力于植树事业。为了这种事业，他甚至可以放弃原来牧羊的工作。第十四段写道：“现在，他不再放羊。他说，羊吃树苗，就不养羊了，只留下四只母羊。”这种角色的错位感，能够给文本带来巨大的张力，使作者笔下设置的人物不再单一化，因为主人公布菲牧羊时，平平淡淡地生活着，看起来好像乏善可陈。但是，当他的角色转变为植树人时，他的故事就上升为一种常人难以企及的惊世传奇了。这是一种自我价值的突破，也是一种自我精神救赎。反向而观，如果没有这种角色错位，没有这种角色转变，文本的价值可能就难以体现。

（二）形象聚焦

文本中也反复在写水。“从前一天晚上起，就没有水喝了。现在，我必须去找点儿水。”“我确实找到了一个泉眼，可惜已经干涸了。”“继续向前走了五个小时，我还是没有找到水，连一点儿希望都没有。” 这三个片段围绕着“水”，极言水的稀有，反映了环境的极端恶劣。

“他从一口深井里给我打了一些水，井水甜丝丝的。”“在我眼里，他就像这块不毛之地上涌出的神秘泉水。” 这两个片段很有意蕴。说井，强调是“深井”；说井水，强调是“甜丝丝的”。

“深井”，当然是一种客观事实，也与上文干涸的泉眼构成互文的关系。至于“甜丝丝的”，更多的是一种强烈的心理印记。在这种不适宜人类居住的环境里，珍贵的水自然更让人有美好的舌尖体验与心灵体验。行文至此，文本才表现出诗意的一面来。从“我”的视角观察“他”，以一个喻体“泉水”传达独特而细腻的感受，这无疑是对“他”的最高赞美。试想：一个连水都极度匮乏的地方，生命万物还能够存在吗？在这种境地，谁还能幻想着美好的未来？然而，后文布菲却成功地突破了价值瓶颈。这里通过水来渲染环境的极不友好的特点，是为了突出主人公精神的伟大。

路过山下村子的时候，我在这个曾经干旱无比的地方，看到了溪水。树林留住了雨水和雪水，干涸已久的地里又冒出了泉水。人们挖了水渠，农场边上，枫树林里，流淌着源源不断的泉水，浇灌着长在四周的鲜嫩薄荷。

“溪水”“雨水”“雪水”“泉水”，一切紧紧围绕着“水”做文章。“水”在这里推动了情节发展，预示着美好生活的到来。真正的“水”，其实来自布菲内心。他的内心有永不枯竭的水，自然他的行动力能够超越凡俗之人。在一个常人看来毫无希望的地方，布菲硬是能够开创自己的事业。

三、从叙事结构的角度选择合理的小说教学内容

（一）假言推理

“假言推理是前提中至少有一个是假言判断，并且是根据假

言判断前后之间的关系推出结论的推理。”

例如，第一段这样写道：“如果他慷慨无私，不图回报，还给这世界留下了许多，那就可以肯定地说，这是一个难得的好人。”

后文中，尽管没有直接出现“慷慨无私”“不图回报”“还给这世界留下了许多”这样的原话，但是反复在表达着这样的意思。特别是第十九段，人们“从地价昂贵的城市搬到这里”，绝不仅仅是迫于现实的无奈，而是一种自觉的行为。众人的这种举动，无疑是对布菲最好的赞美。这里，还有“许多健康的男男女女”以及“孩子们的笑声”，未来的希望不言而喻。而大功臣布菲已处于生命的暮年，他难以真正享受这片土地带来的美好生活，但他显然也不指望向世界索取什么。在作者内心，主人公艾力泽·布菲就是一个“难得的好人”。

这是典型的假言推理，只不过它是潜藏在文本中的假言推理。作者在开头先假定一种理想的人格，再让笔下主人公的一切行为都指向这种人格的突出特征，使之紧紧围绕核心价值观，以持之以恒的行动去具体践行，直至人人叹服。作者的思维是清晰的，他完全掌控着小说中人物的生命格局，并使之散发着异样的光芒。

（二）叙事者干预

叙事者干预，主要表现在叙事者对文本中的人物或事件进行评论。

作者在第一段中就预设了一种在作者看来的理想人格范式：“慷慨无私，不图回报，还给这世界留下了许多。”同时还认定符合以上特征的人是“一个难得的好人”。这是作者在叙述布菲的故事过程中跳出故事本身对布菲进行直接的评价。通过干预读者的阅读节奏，帮助读者分析布菲的性格特点。后文则具体展开，将布菲置于一个险恶的环境中，将人物角色打入特定的语境中，让他去行动。并且，人的活动都指向作者设置的理想人格范式的核心价值。结尾作者选用“伟大”“毅力”“无私”“敬佩”这些词语来评价布菲。这些都指向正面的价值，而且具有语义饱和的倾向。其目的是让读者遵循作者对人物的认知轨迹。

再换个角度看，作者赋予布菲的性格基本上属于“静态性格”。“静态性格是指在表现过程当中人物的性格特征是不变的，也就是从出场到作品结束都是一种性格。”文章第六段中直接写布菲性格的句子是：“安静，忠厚，不张扬。”这便是作者对他性格的评论，也即叙事者的干预，简短而使人印象深刻。然而，耐人寻味的是，它的前半句是“他的那条大狗也像主人一样”。撇去调侃的语调不论，人物的性格在这里还影响了与之相关的外物——一条大狗。涉及人与物之间有趣的关联，这也是一种有趣的视角与俏皮的语调。

其他的文字只能间接地推测布菲的性格，并且与以上两个片段是十分契合的，也即静态性格并没有向动态性格方向发展。叙事者对布菲的评论，无论是性格，还是品质，是保持恒定的，没有矛盾的一面。人物性格的稳定性，乃至超稳定性，也有利于更好地证明布菲的为人，方便读者更准确地把握主人公的形象特点。

四、从叙事模式的角度选择合理的小说教学内容

（一）古代英雄史诗的移植

古代英雄史诗，是人类历史上值得注意的文化现象。尤其是西方的古代英雄史诗。《植树的牧羊人》也是西方文化语境下的产物，其中也体现了古代英雄史诗移植的元素。第十五段中在评论布菲时说："人类除了毁灭，还可以像上天一样创造。"又说："他做到了只有上天才能做到的事。"其实，"在许多史诗传统里，英雄是天神的儿子"。

这里，创造罕见奇迹的布菲，当然可以被视作人类的英雄。然而，布菲俨然已经居于上天即天神的位置，而不仅仅是天神的儿子。毁灭是别人的事，轮到布菲，他只是着力于创造。上下文照应，强调"上天"，真是惊为天人。

"勇敢和力量是史诗英雄的特质，英雄通过战斗将它们呈现出来。战斗是英雄史诗的基本内容，是英雄显示自身能力、实践自身价值的场所。"

传统的英雄史诗，注重书写英雄人物在战场上的豪情与力量，只是到了《植树的牧羊人》，战斗的对象不再是敌方的千军万马，而是恶劣的自然条件与自己的意志。这种战斗没有硝烟四起的紧张感与宏大叙事的恢宏感，在某种程度上却更加考验人。例如，布菲前后花费几十年，去改造不毛之地，使之成为众人向往的乐土。以一己之力，埋头苦干，不求报酬，苦中作乐，这还是人的事业吗？这简直就是神的事业。

小说探究的是人的意义的无限可能性与世界发展的无限可能性。布菲首先是一个普通的人，同时也是一个不幸的人，因为“原来生活在山下，有自己的农场。可是，他先是失去了独子，接着，妻子也去世了”。尽管如此，他却没有被现实击垮，而是一个人生活，独自完成植树以彻底改变环境的伟大事业，仿佛有一种无形而强大的力量在背后推着他前进。明明只是个平凡的人，偏偏能做出惊人的业绩。“所以，我们把他叫作非凡的人，或者把他叫英雄。英雄其实是以人的形象出现，但带着神性的一种形象……”

（二）宗教意蕴的渗入

小说在虚构时，自觉或不自觉间难免受到文化背景的影响。“植树”具有象征意义，它是人类建设性举动的象征。“牧羊”，一方面固然是古老农业的反映，也是对原生环境破坏的象征。当然，作者设置的人物角色是“植树的牧羊人”，想必背后是有深意的。“耶稣传教，就是要让迷途的羔羊走上正道，一心向善。作者把故事主人公设计为‘牧羊人’，也许就有这样的意味。”布菲几乎放弃了牧羊本业，而转为一心植树，这不仅仅是职业的改变，更加是人生信念与价值观的转变。“他把牧羊人看成了导引人的‘神’，‘牧羊人’就是一个传道者，是一个文学意象符号……”众生大体上处于蒙昧的状态之中，唯有个别类似于神的化身的人能够拯救苦难（改造前的荒漠与废墟正是苦难的生动折射与重要缩影）。牧羊人最终通过自身努力让环境得到完全优化，并吸引着四方的人们前来，聚会、娱乐、定居……享受着生命的美好境界。而创造这一切的布菲，作为奉献者，却垂垂老矣，87岁了。这真像是一个寓言、一种宿命、一份神谕。布菲就好比是这片土地上的创世者、至高的神，就如同德国哲学家尼采心底的太阳，只想给予众生所需，不想取得纤毫之物。

总之，《植树的牧羊人》是一篇值得从叙事角度认真探究的小说。小说叙事是一门内涵丰富的学问，除了叙事的节奏、方式、结构、模式能帮助我们解读文本，实际上，叙事的视角、修辞、空间等元素也可以让我们更好地理解文本。从叙事角度分析文本、解读文本，深入挖掘文本中最有价值的资源，从而甄选出最为恰切的教学内容，帮助学生真正地读懂小说，进而喜欢小说。这是我们推进小说教学更好地开展的重要前提。

参考文献：

［1］王荣生.小说教学教什么 [M].上海：华东师范大学出版社，2015.

［2］罗晓晖、冯胜兰.文本解读与阅读教学讲谈 [M].上海：华东师范大学出版社，2018.

［3］石太东.谈记叙文写作中“时距”的妙用 [J].作文成功之路：小学，2013（7）:65.

［4］张绵厘.实用逻辑学教程[M].北京：中国人民大学出版社，2015.

［5］冯文开.史诗英雄的共性与个性论析 [J].内蒙古大学学报：哲学

社会科学版，2019（5）: 51—55.

［6］徐江. 文本解读逻辑思维研究与教学对话[M].福州：福建教育出版社，2018.

（本文已发表在《语文教学通讯》，2020年第29期）

▶ 为什么将济南比喻成女性

按照常理来看，冬天，尤其是中国北方的冬天，带给人的常常是消极与负面的心理体验，甚至是巨大的肉体与精神折磨。中国北方的冬天，经常让人感受到严酷的死亡气象，它也象征着生命的寂灭状态，是对生命力的反动。赞美春天的人远远多于赞美冬天的人，这是常情常理。耐人寻味的恰恰是，老舍以独特的女性视角，将济南的冬天写得可亲可敬、可喜可赞，这的确是以一种别样的文化风景而存在着。当然，老舍不是地理学家，《济南的冬天》也不是说明文，不必对写作对象进行理性色彩浓厚的叙说。作为经典散文而流传至今的《济南的冬天》，也符合散文的基本特征，即重在捕捉与表达新奇的审美体验，传递独特而深刻的人生情感体验。

一、文本是如何彰显女性之美的

女性之美，古今中外一直是人们歌咏的对象。女性之美，可以体现在容貌之美、体态之美、修饰之美与气质之美，既有表层的，也有深层的。以下将从两大方面具体阐述：

（一）言说对象女性化

1.比拟对象及喻体选择的女性化

（1）关于“理想的境界”

“请闭上眼想：一个老城，有山有水，全在蓝天下很暖和安适地睡着，只等春风把他们唤醒，这是不是理想的境界？”在老舍心中，冬天的济南拥有“理想的境界”，别有天地，似乎也是一块世外桃源之地。尽管是冬天，它仍然能安享北方城市难得遇到的舒适之处。济南如同一个温柔可人的女子，可以好好睡觉，并且迎接着春天——与女子的温柔美好相辉映的春天到来。这里的女性之美也集中体现在气质之美上。

（2）关于“日本看护妇”

“看吧，山上的矮松越发的青黑，树尖儿上顶着一髻儿白花，好像日本看护妇。”“一髻儿白花”，体现了女性朴素的修饰之美。“日本人认为仪表是尊重他人的表现形象，而护士的着装代表着护士的形象，护士上班时必须穿裙服、白鞋、白袜、戴白帽，给患者一种洁白高尚、端庄大方，像天使样的感觉。”这里提到“日本看护妇”，为什么是日本，而不是俄国或中国？在当时的中国人眼中，日本人的身材普遍偏矮小，女性较之男性更为矮小，这正好与语境协调——因为上文写的是“山上的矮松”。而看护妇，也就是护士或护工之类的职业，她们在人们心底的印象往往就是：体贴入微。“为尊重患者的人格，缩小护患距离，护理人员均采取半跪式服务。这是因为患者都为卧位者，护士人员要平视患者，不使患者感到护士居高临下。一切护理注重理解，体贴患者。”矮松对应的日本看护妇，恰是具有最好的职业视角的群体。用心去守护生命，作为生命的守护神而存在着的护工，不正是济南的冬天山上的矮松的精神写照？

（3）关于“肌肤”

“看着看着，这件花衣好像被风儿吹动，叫你希望看见一点儿更美的山的肌肤。”“花衣”与“更美的山的肌肤”，是修饰之美与体态之美，都让人容易联想到美丽女子的青春与朝气。需要指出的是，中国人通常将山与男性相比附，将水与女性相比附。这里却是一种相反的表达，也是一种值得玩味的表达，即从济南的山上看出女性的柔美感，而不是男性的厚重感。女性孕育着生命，济南则孕育着古老的文明。

（4）关于“害了羞”

“等到快日落的时候，微黄的阳光斜射在山腰上，那点儿薄雪好像忽然害了羞，微微露出点粉色。”我们可以抓住“害羞”“粉色”这两个词，它们分别指向气质之美与体态之美。在我们常态化的语境中，它们几乎都是指向少女的。在冬天，济南的雪与济南的山都具有少女的神韵。这种神韵，也是属于老舍独特的审美体验。济南不仅具有慈母的意蕴，还具有少女的特征，是旧与新的辩证统一。

（5）关于“照个影儿”

“天儿越晴，水藻越绿，就凭这些绿的精神，水也不忍冻上；况且那长枝的垂柳还要在水里照个影儿呢。”“不忍”，或许类似于我们常说的“妇人之仁”吧，指向气质之美。水，在中国文化心理中，惯常就是女性的化身。曹雪芹也说“女人是水做的”。“那长枝的垂柳”，则易于使我们联想到女子婀娜的身姿与多情的内心。古语说：“女为悦己者容。”女性比男性更在乎自己的容貌。“照个影儿”，不正是女子爱美之心的外在表现吗？二者共同构成了体态之美与气质之美。爱美的天性，在女性那里表现得尤为突出。对美的追逐，这本身不就是一种美吗？

2.描写对象女性化

试看“响晴”与“温晴”。“济南的冬天是响晴的”，“可是，在中国北方的冬天，而能有温晴的天气，济南算是个宝地”。作者先后用了“响晴”与“温晴”两个词语形容济南的冬天，它们都带有一个“晴”字。按照言说的逻辑，“温晴”是对“响晴”的修正，即“温晴”更能契合作者内心的细腻感受。进一步看，“响晴”带有方言意味或口语色彩，此“晴”与彼“情”谐音，一语双关，而“温晴”似乎正好暗示着“温情”。两个词语的差别集中在第一个字，即修饰语上。响，是从听觉角度形容，富有力量美，具有男性的特征。温，是从触觉角度形容，则指向相反的一端。且重点看“温”。《广雅·释诂三》：“温，暖也。”常用意义是温暖，暖和。《广韵·魂韵》：“温，和也，善也，良也，柔也。”可见，“温晴”所蕴含的女性化特征十分明显。我们知道，济南是中国典型的北方城市，这种地方的冬天并不好受，居民其实很难感受到来自大自然的“温情”。济南，位于北温带，小山在“北边缺着点口儿”，并不能有效阻挡西北季风的强势进攻。作者却告诉我们不一样的审美体验与情感体验，让人大呼意外。济南的冬天，分明是以慈母的角色进入老舍的生活，这里的女性之美集中体现在气质之美上。

3.抒情对象女性化

（1）关于“慈善”

“因为有这样慈善的冬天，干啥还希望别的呢！”如上所述，济南的冬天，或曰冬天的济南，完全是慈善的，和天下所有充满慈爱之心的母亲毫无二致。上帝不能亲自去每一个家庭，于是创造了母亲。一个人如果遇到慈爱的母亲，那是一件多么值得庆幸的事啊！这里的女性之美集中体现在气质之美上。

（2）关于“秀气”

“就是下小雪吧，济南是受不住大雪的，那些小山太秀气！”“秀气”是典型的用于形容女性的词语。有时候，为了增添情趣，也会选用它来形容具体事物。如汪曾祺在《端午的鸭蛋》中说：“别说鸭蛋都是一样的，细看却不同，有的样子蠢，有的秀气。”回到文本，结合语境看，老舍在一个抒情色彩很浓的句子中使用“秀气”一词，即将济南在冬季背景下展示的女性特征传达出来。老舍在这里还是遵循东方传统对女性之美的心理期待。

（二）言说方式女性化

1.儿化音的频繁使用

换个角度看，捕捉细节，我们发现：文中的儿化音特别多。如：“响亮的天气反有点儿叫人害怕”“小山整把济南围了个圈儿，只有北边缺着点儿口儿”“小村庄的房顶上卧着点儿雪”“反倒在绿萍上冒着点儿热气”“天儿越晴”“况且那长枝的垂柳还要在水里照个影儿呢”……

作为北京人，老舍将北京话中的儿化音用到了极致。在文本中，这些儿化音的作用几乎都指向使语句更加亲切、温柔、体贴、悦耳、俏皮、活泼、灵动，透着小女孩似的口吻，那种流转的语调，字音韵母因卷舌而发生某些音变，其妙处更多地体现在听觉效果上，而不是视觉效果上。如果将儿化音去掉，改变的当然不是词句的意义，而是弱化了抒情的效果，也就妨害了散文的表达。

2.“小”作为高频字出现

文中还有许多关于“小”的词或者词组，如:“小山”（“小山整把济南围了个圈儿”“这一圈小山在冬天特别可爱”“他们一看见那些小山”）、“小雪”（“最妙的是下点儿小雪呀”）、“小村庄”（“山坡上卧着些小村庄”“小村庄的房顶上卧着点儿雪”）、“小水墨画”（“对，这是张小水墨画，也许是唐代的名手画的吧”）、“小团花”与“小灰色”（“像地毯上的小团花的小灰色树影”）等。诸如此类的语言现象，让我们很直观地感受到一种小巧与精致之美，这不正是中国传统文化中女性秀气之美的折射吗?

综上所述，老舍在文中所传达的女性之美，体现在容貌之美、体态之美、修饰之美与气质之美，侧重于更深层次的气质之美。以言逮意，这些都是容易捕捉的。

二、为什么作者从女性角度写济南的冬天

对于中国北方的城市，我们以俗常的眼光观察，它们几乎都

是具有男性的粗犷气息的。毕竟，整体而言，北方的地理环境较之南方，是恶劣的，是考验人的。即便北方的女性，对比南方的女性，往往也更为接近男性。然而，这一切在一位语言大师那里，偏偏能发生逆转。以老舍先生的视角观察，济南则是女性化的存在。这首先是审美意义的一大突破，它给人以全新的感受。这是老舍给予我们的文化资源。

老舍曾说："从民国十九年七月到二十三年秋初，我整整的在济南住过四载。在那里，我有了第一个小孩，即起名为'济'。在那里，我交下不少的朋友：无论什么时候我从那里过，总有人笑脸地招呼我；无论我到何处去，那里总有人惦念着我。"他还总结道，"时短情长，济南就成了我的第二故乡。"老舍很明白地告诉我们，他在济南待了四年，即从1930年到1934年。在中国人心里，起名字是很有仪式感的事情，马虎不得，孩子的名字通常应该有良好的寓意，寄托着父母乃至家族的美好祝愿，这是基本的文化背景。连自己的第一个孩子都叫"济"，老舍这一微妙举动，已经告诉世人济南对自己有多么重要，有多么值得铭记。这无疑也是对济南最好的赞美方式之一。根据老舍的说法，在济南他也感受到了人情之美，整颗心是洋溢着温暖的感觉，以至于他将济南视作出生地北平之外的"第二故乡"，尽管他在济南待的时间并不是第二长。

1930年，老舍只身来到济南齐鲁大学任教，"1931年初的寒假，老舍与胡絜青进一步接触，开学后老舍回到济南，就开始了两人之间的通信。这年的老舍专程回到北平，与胡絜青4月4日举行订婚仪式"。老舍，生于1899年，逝世于1967年。放在老舍个人历史中看，不妨说：在济南的四年时光，是老舍一生中最愉快、最温馨，也最难忘的时光。《济南的冬天》写于1931年，这时正是老舍精神状态极佳的时期。

根据《纪念老舍诞辰120周年——老舍与济南的不解之缘》一文的披露："老舍一生67年，他先后在北京度过了42年，剩下的25年是：英国5年、新加坡1年，山东7年——济南4年半、青岛2年半，汉口半年、重庆7年半，美国4年。然而，在老舍一生的散文里，他几乎完全没有写纽约，也几乎没有写过伦敦（写了一点留英回忆）、新加坡，写汉口、重庆、成都的极少，写青岛的有两三篇，就是北京——也写得并不多；唯独济南，他不但写了，而且一写就是一个长长的系列。而且，都写得那么典雅，那么精致，那么动人，那么富有诗意！这实在是文学史上一个奇特而又奇妙的现象。" 这篇文章对老舍的一生进行了简要的梳理，也突出了老舍对济南的一往情深之处，这对我们探究《济南的冬天》大有帮助。

不光是《济南的冬天》，查阅《老舍散文经典》，老舍笔下关于济南的散文还有《到了济南》《济南的秋天》《趵突泉的欣赏》《三个月来的济南》《济南的药集》《春风》等。对于济南，老舍也说过："在那里，我写成了《大明湖》《猫城记》《离婚》《牛天赐传》，和收在《赶集》里的那十几个短篇。在那里，我努力地创作，快乐地休息……"济南，在老舍心里具有十分重要的位置，这使他很自然地用文字记录着济南的人、事、物、景、情。在济南齐鲁大学任教的四年，是值得老舍留恋的美好时光。这就不难理解为什么久历四方、见过大世面的老舍先生能十分大方地将“宝地”的殊荣送给济南，而不是他足迹所至的青岛、北平、武汉、广州，也不是新加坡或伦敦。相反，北平与伦敦，这两大都城，在文本的开头倒被作者用来衬托济南：“对于一个在北平住惯的人，像我，冬天要是不刮风，便觉得是奇迹；济南的冬天是没有风声的。对于一个刚由伦敦回来的人，像我，冬天要能看得见日光，便觉得是怪事；济南的冬天是响晴的。”初读，只觉是咄咄怪事。结合老舍的经历，再细读文本，也就不难理解，毕竟这无理而有情，情字当头。

当然，老舍执着于写女性，或者说在文本中表现出女性的视角，背后也是有原因的。老舍在《我的母亲》等文章中就记述过自己不幸的身世以及母亲、姐姐传递给自己的“正能量”。在老舍的内心，女性是伟大的、圣洁的，值得去关注与写作。不经意间，老舍在寻常的散文中也会使用女性视角，这是其灵魂深处的动人图像，这里不一一赘述。如张崇玲所言：“母亲和姐姐们的勤苦坚强、任劳任怨个性形成了老舍头脑中最初也是最完美的印象，这也影响到老舍作品中女性形象的塑造，他笔下理想的女性形象也多少带有一点她们的影子。”

总之，老舍将济南比喻成女性，从容貌之美、体态之美、修饰之美与气质之美方面写出了女性之美。这种独特的写作视角与审美体验，基于老舍早年的成长经历所留下的心灵印记，更是直接与写作《济南的冬天》时个人美好境遇及精神状态密切相关。一定程度上讲，济南成就了老舍，老舍也通过自己的文笔成就了济南。老舍及其文字，必将继续成为济南这座历史文化名城最值得骄傲的文化名片之一。

参考文献：

［1］李艳春.日本护士尊重患者之所见[J].中国误诊学杂志，2001(10)：1577—1578.

［2］徐德明.老舍自述[M].武汉：湖北人民出版社，2006.

［3］张崇玲.老舍女性意识浅谈[J].乌鲁木齐成人教育学院学报，2006(3)：34—37.

［本文已发表在《语文报》（初中教研版），2021年第8期］

▶ 写在最后

2019年，我再次主持深圳市龙华区“三名工程”之“首席教师”工作室（原称“名师工作室”），遵循“以终为始、产品导向、因材施教”的原则，培养青年教师。其中，童庆杰是一位挚爱文字，同时长期致力于阅读与写作的青年教师。针对他的培养计划就是与之共写基于教学视角的文本解读类文章，以帮助更多的青年教师分析文本，发掘阅读教学的学习元素。三年来，除了童老师因武汉封城受阻的那段时间，我们一直在思考，一直在研讨，一直在撰写，一直在修改。每篇稿件几乎经过六七次反复论证与修改后，才投寄到省级以上刊物发表。本书中所收录的文章，尽管稚嫩朴拙，但都是我们一点点进步的证明。在此，我们特别感谢各家杂志社及报社的抬爱与指导。平台是一个人成长的沃土，工作室是一群人奋斗的田园。深圳市龙华区教育局陆续推出的各类人才培养计划，对我和青年教师朋友们来说大有裨益，我们满怀感恩之情。特别感谢汲安庆教授拨冗指导并撰写序言，这对我和童老师都是莫大的鼓舞。衷心感谢花城出版社给我们出版的机会，让我们得以圆梦。还要感谢龙华区教育科学研究院、玉龙学校和大浪实验学校，为了让我们有更多的时间完成工作，以上单位给予了充分的支持和鼓励。最后要感谢我们各自的家人，是他们多年的默默付出，才让我们保持这份勇气和心境，慢慢写作，慢慢成长。

一个人可以走得很快，与人结伴而行则可以走得更远。事实证明，我与童老师的这种专业互助成长模式，是有成效的，更是值得推广的。

向浩（深圳市龙华区教育科学研究院课程与教学研究部部长）